新能源汽车检测与故障诊断技术

主　编　杨小荣
副主编　何国俊　朱亮亮
参　编　张皓东　张珍奇　张国强

机械工业出版社

本书以国家职业大典为指导，以培养技术型、技能型人才为目标，以学生为中心，结合多年教学实践经验，在内容编排上，不再采用以知识点为体系的框架，而是以实践活动为主线组织编排。每个任务围绕一个故障展开，以故障诊断为中心，从学习目标、任务导入、任务准备、任务实施、任务评价与考核、课后测评等环节入手着重培养学生岗位能力，充分体现以学生为中心的教学理念。

本书主要内容包括新能源汽车故障诊断基础、动力蓄电池系统的故障诊断、电机驱动系统的故障诊断、充电系统的故障诊断、电动助力转向系统的故障诊断、空调系统的故障诊断、整车控制系统的故障诊断、电动真空助力制动系统的故障诊断，共八个项目。

本书新能源汽车特色明显，可匹配以能力为本位的教学方法，适合汽车类相关专业使用。

为方便教学，本书配有电子课件等资源。凡选用本书作为授课教材的教师均可登录 www.cmpedu.com 以教师身份注册后下载，或咨询相关编辑，咨询电话：010-88379201。

图书在版编目（CIP）数据

新能源汽车检测与故障诊断技术 / 杨小荣主编. — 北京：机械工业出版社，2023.7（2025.7重印）
ISBN 978-7-111-73211-2

Ⅰ.①新… Ⅱ.①杨… Ⅲ.①新能源–汽车–车辆修理–职业教育–教材 ②新能源–汽车–故障诊断–职业教育–教材 Ⅳ.①U469.707

中国国家版本馆CIP数据核字（2023）第090096号

机械工业出版社（北京市百万庄大街22号 邮政编码100037）
策划编辑：师 哲 责任编辑：师 哲
责任校对：梁 园 王 延 封面设计：严娅萍
责任印制：常天培
河北虎彩印刷有限公司印刷
2025年7月第1版第3次印刷
184mm×260mm・10.75印张・228千字
标准书号：ISBN 978-7-111-73211-2
定价：35.00元

电话服务 网络服务
客服电话：010-88361066 机 工 官 网：www.cmpbook.com
010-88379833 机 工 官 博：weibo.com/cmp1952
010-68326294 金 书 网：www.golden-book.com
封底无防伪标均为盗版 机工教育服务网：www.cmpedu.com

前言 PREFACE

近年来，全球能源危机不断加剧，新能源汽车作为未来主要交通工具，提高关键维修技术尤为重要。本书以故障诊断为主线，对新能源汽车各大系统的常见故障进行深入分析，以提升学生对新能源汽车的维修技能。

党的二十大报告指出：办好人民满意的教育。教育是国之大计、党之大计。培养什么人、怎样培养人、为谁培养人是教育的根本问题。育人的根本在于立德。全面贯彻党的教育方针，落实立德树人根本任务，培养德智体美劳全面发展的社会主义建设者和接班人。本书在编写过程中坚决贯彻落实党的二十大精神，以学生的全面发展为培养目标，融"知识学习、技能提升、素质培育"于一体，严格落实立德树人根本任务。同时坚决贯彻教学改革的有关精神，严格落实专业教学标准的要求，努力体现以下特色。

1. 打破以知识传授为主要特征的传统学科课程模式，转变为以工作任务为中心组织课程内容，并让学生在完成具体项目的过程中学会完成相应工作任务，并构建相关理论知识，发展职业能力。

2. 课程内容突出对学生职业能力的训练，以行动为导向、基于工作过程的课程开发方法进行设计。在教学过程中让学生针对新能源汽车的动力蓄电池系统、电机驱动系统、充电系统、电动助力转向系统、空调系统、整车控制系统、电动真空助力制动系统的典型故障进行诊断，提高学生综合故障诊断能力。

学生通过本书的学习，能够描述出新能源汽车动力蓄电池系统、电机驱动系统、充电系统、电动助力转向系统、空调系统、整车控制系统、电动真空助力制动系统的结构和工作原理，能正确选择并使用常用故障检测工具，能通过各系统故障现象分析故障原因，能通过故障原因排除故障，培养学生自主学习及独立分析和解决问题的能力，培养学生团队协作意识，树立学生严谨细致的工作作风和吃苦耐劳精神及企业 6S 管理意识，树立学生的创新意识及创新精神。

本书由杨小荣任主编，何国俊、朱亮亮任副主编，张皓东、张珍奇、张国强参加编写。其中，项目二、四、八由杨小荣编写，项目一由张国强编写，项目三由张皓东编写，项目五由何国俊编写，项目六由朱亮亮编写，项目七由张珍奇编写。

本书在编写过程中参考了大量的文献资料，谨在此向相关作者表示感谢。由于编者水平有限，书中不妥之处在所难免，恳请广大读者和专家批评、指正。

编　者

目录 CONTENTS

前言

项目一 新能源汽车故障诊断基础 1
    任务一　新能源汽车故障诊断策略 1
    任务二　新能源汽车故障诊断仪的使用 9

项目二 动力蓄电池系统的故障诊断 16
    任务　　动力蓄电池系统常见故障诊断 16

项目三 电机驱动系统的故障诊断 29
    任务一　驱动电机转动异常的故障诊断与排除 29
    任务二　电机控制系统的故障诊断 44

项目四 充电系统的故障诊断 59
    任务一　交流慢充系统的故障诊断 59
    任务二　直流快充系统的故障诊断 73

项目五 电动助力转向系统的故障诊断 83
    任务一　机械转向系统部件检查 83
    任务二　电动助力转向系统部件检查 90
    任务三　电动助力转向系统常见故障分析 97

项目六　空调系统的故障诊断 106

　　任务一　空调制冷系统的故障诊断 106

　　任务二　空调制热系统的故障诊断 115

项目七　整车控制系统的故障诊断 124

　　任务　整车控制系统常见故障诊断 124

项目八　电动真空助力制动系统的故障诊断 151

　　任务　电动真空助力系统常见故障诊断 151

参考文献 164

项目一

新能源汽车故障诊断基础

本项目主要学习新能源汽车的基本故障诊断思路和方法，分为以下两个任务：

任务一　新能源汽车故障诊断策略

任务二　新能源汽车故障诊断仪的使用

通过两个任务的学习，学生能够根据故障现象，学会初步分析并建立基本的故障诊断思路；能够使用故障诊断仪对新能源汽车故障进行常规诊断，为后期针对实车进行具体故障诊断奠定基础。

任务一　新能源汽车故障诊断策略

【学习目标】

知识目标

1. 能够说明新能源汽车高压系统控制原理。
2. 能够陈述新能源汽车故障诊断的基本策略。

技能目标

1. 具有正确识别新能源汽车常见提示灯的能力。
2. 具有运用新能源汽车故障诊断的基本方法进行故障诊断的能力。

素养目标

1. 培养学生的独立工作能力和团队协作能力。

2. 培养学生的继续学习和职业发展能力。

【任务导入】

如果有一辆新能源汽车出现了故障，你能够通过仪表上的警告指示灯初步判断是哪个系统出现了故障，并有效处理此故障吗？

【任务准备】

安全防护：做好车辆安全防护与隔离（车内外三件套、车轮挡块、警示隔离带等）。
工具设备：数字万用表、绝缘防护用品、绝缘工具套装、常规工具套装。
实训车辆：比亚迪 e5 纯电动汽车整车。
辅助工具及资料：道通 MS908S 故障诊断仪。

【知识准备】

一、新能源汽车高压系统控制原理

纯电动汽车高压系统控制电路原理图如图 1-1 所示。

高压控制盒是连接动力蓄电池与外部用电设备或充电设备的控制机构，通过熔丝、继电器和控制板，实现对其连接高压部件的保护，同时保证动力蓄电池的正常放电和充电。它也安装有高压互锁机构，内部还有 CAN 线与其他部件通信。

（1）放电控制 动力蓄电池经过主正、主负继电器放电时，通过高压控制盒的熔丝分流给电机控制器、DC/DC 变换器、空调压缩机、PTC 加热器等高压设备，当超过额定电流时，熔丝立即熔断。

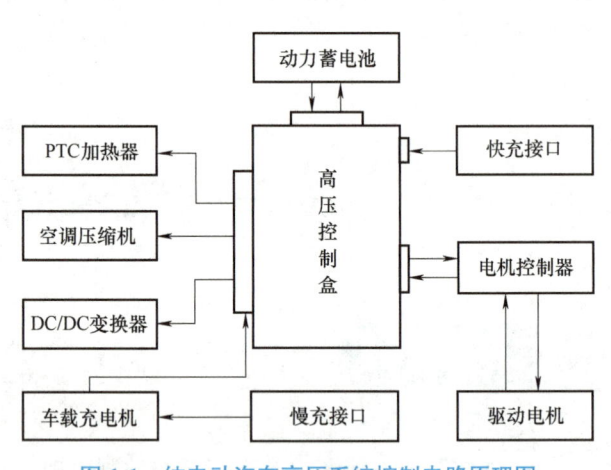

图 1-1 纯电动汽车高压系统控制电路原理图

（2）充电控制 快充时，快充桩与车上快充接口连接，双方进行报文确认通过后，将接通高压控制盒内部的快充继电器，快充桩的高压直流直接充入动力蓄电池；慢充时，市电 220V 的电流经车载充电机转换成高压直流电流，经过高压控制盒充入动力蓄电池。

二、新能源汽车基本故障诊断策略

新能源汽车的故障诊断基本流程图如图 1-2 所示。

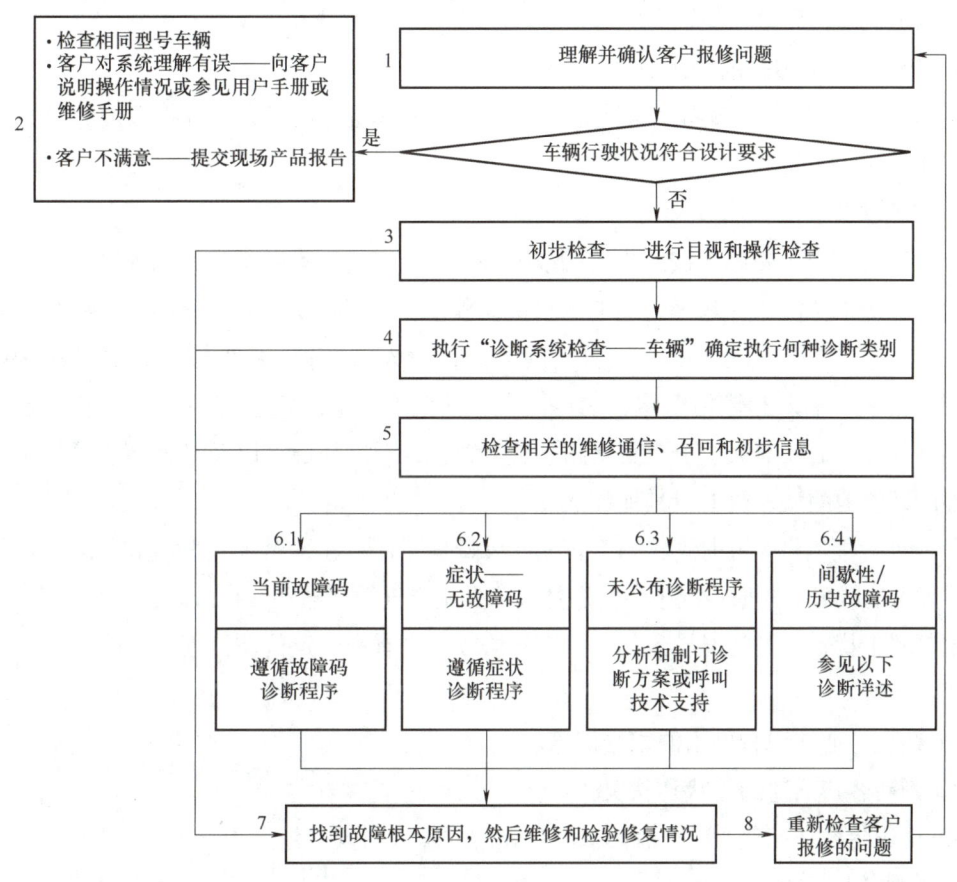

图 1-2　新能源汽车的故障诊断基本流程图

1. 理解并确认客户报修问题

诊断策略的第一步是尽可能多地了解客户情况。例如，这个故障显现是何时出现的？何处出现该状况？该状况持续了多长时间？该状况多久发生一次？为了确认客户报修问题，首先必须熟悉系统的正常工作情况。

2. 确认车辆行驶状况

车辆正常运行时，若出现该情况，则可能属于正常现象。在与客户描述情况相同的条件下，与操作正常的类似车辆进行比较，如果其他车辆存在类似情况，那么这可能是属于车辆的设计原因。

3. 预检并进行全面的目视检查

1）对车辆外观进行全面检查。
2）检测是否有异常的响声或异味。

3）采集故障码（DTC）信息，以便进行有效的修理。

4. 执行系统化的车辆诊断与检查

通过预检获取的信息，针对故障区域进行系统化的诊断和确认，确认系统工作是否正常，并确定执行何种诊断类别。

5. 查询或检索相关的案例信息

查询已有案例信息，确定之前是否已有这样的故障维修案例，这样可以最大程度缩短后期维修和诊断的时间。

6. 诊断类别

（1）针对当前故障码　按照指定的故障码诊断，以进行有效的诊断和维修。

（2）针对无故障码　选择合适的症状诊断程序，按照症状诊断思路和步骤诊断、维修。

（3）针对未公布的诊断程序　分析问题，制订诊断方案。从维修手册中查看故障系统的电源、搭铁、输入和输出电路，确定插头和其他多条电路相连接的部位。查看部件的位置，确认部件、插接器或线束是否暴露在极端温度或湿度环境，以及是否会接触到其他具有腐蚀性的蓄电池酸液、机油或其他油液。

（4）针对间歇性/历史故障码　间歇性故障是一种不连续出现、很难重现，且只在条件符合时发生的故障。一般情况下，间歇性故障是由电气插接器和线束故障、部件故障、电磁/无线电频率干扰、行驶状况导致的。以下方法或工具有利于定位和修理间歇性故障码或历史故障码：

1）结合专业知识和可用的维修信息。

2）判断客户描述的症状和状况。

3）使用带数据捕获（数据流读取）功能的故障诊断仪和数字式万用表。

7. 故障诊断与修复

找到故障根本原因，再进行修理并检验修复情况。确认故障码或症状是否已消除。

8. 重新检查客户报修问题

如果未能找到问题所在，必要时重新检查，重新确认客户报修问题。

三、新能源汽车的主要指示灯

新能源汽车常见的指示灯及其功能见表1-1。

1. 指示灯使用原则

当新能源汽车出现指示灯点亮的情况后，应遵循以下原则进行相应的检查，包括一看、二查和三清。

（1）一看　看仪表上显示的指示灯，定位故障原因。

（2）二查　查故障码和系统状态，找到故障原因。

表 1-1　常见的指示灯及其功能

指示灯图标	名称及功能
READY	准备就绪指示灯：表示车辆已正常上电，可以正常行驶
	动力系统故障警告灯：此灯常亮，车辆降功率运行或无法行驶
	动力系统故障灯：此灯闪烁或常亮，车辆则无法行驶
	SOC 低电量警告灯：表示车辆的电量不足，应当及时进行充电
	动力蓄电池断开警告灯：表示车辆内部的高压电断开，故障发生的原因通常为动力蓄电池的接触不良或电源断开
	动力蓄电池故障指示灯：表示动力蓄电池的内部发生了故障，车辆无法正常行驶
	低压供电系统故障指示灯：表示辅助蓄电池或者低压供电系统存在故障
	动力蓄电池漏电故障指示灯：表示动力蓄电池内部高压部分存在漏电现象
	动力蓄电池过热故障指示灯：表示车辆不能充电或者不能正常行驶
	电动机过热故障指示灯：此情况下车辆可以行驶，但无法加速
	外接充电指示灯：当车辆外接充电枪或正在充电时点亮
	电机系统故障指示灯：该灯常亮，车辆无法行驶

（3）三清　清除故障，问题解决以后，使用故障诊断仪重新清除故障码，从而消除仪表上的指示灯。

2. 指示灯使用优先级

当仪表中同时出现多个故障警告灯时，通常可以参考图 1-3 所示的优先级的顺序进行诊断。

图 1-3　仪表故障灯优先级

注意事项

1）针对上电以后整车无故障，但是不能进入起动模式的情况，需要先确认档位是否在空档，如不在空档请退回空档以后再尝试起动。

2）针对整车无故障，动力性能减弱的情况，需要注意电量低提示灯是否点亮，如亮请及时充电。

3）针对动力蓄电池充满电以后，车辆不能起动的情况，应检查充电枪是否已拔掉，车辆在充电枪拔掉后才能行驶。

四、新能源汽车故障诊断基本方法

（1）**诊断前高压断电操作** 对新能源汽车进行诊断、维修，处理损坏车辆，进行事故恢复或急救工作时，必须首先断开高压电源。

1）档位开关置于 P 位，驻车制动，拔下钥匙，并妥善保管。

2）断开辅助蓄电池负极端子，并用绝缘胶布将其包裹好。

说明： 本步骤只针对带有手动维修开关的车型，若无，可略。

3）等待 3min，戴上绝缘手套，拆下手动维修开关，将手动维修开关用绝缘胶布贴封起来，隔离外露区域与高压系统的接线端或插接器。

4）戴上绝缘手套，将动力蓄电池高压电控总成的正、负极母线拆下。

5）断开手动维修开关后，在开始检查前等待 5min，使用万用表检测需要维修的高电压系统正、负极母线进行验电，读数必须小于规定值（一般小于 3V），否则，需要专用放电设备对相应高压部件进行放电，直至小于规定值（一般小于 3V）。

（2）**诊断步骤**

第一步：初步判断故障前行驶状况、故障时车辆状况及对相关信息进行分析。

第二步：用新能源汽车专用故障诊断仪诊断故障时，检查并记录系统中所有的故障码，确认高电压系统存在的故障码，并将故障信息码优先排序。

第三步：检查并记录每一个系统，并检查历史记录数据。

第四步：在分析故障码时，需要区分与故障不关联的故障码。

第五步：主动测试，主要用于对新能源汽车进行故障检查，并使车辆保持特定的运行状态。

（3）**诊断后清除故障码** 进行修理后，部分故障码需要起动开关先置于 OFF 位置，再置于 ON 位置后，才可使用故障诊断仪清除。

1）将起动开关置于 OFF 位置。

2）安装所有诊断时拆下或更换的部件或插接器。

3）在拆下或更换部件或模块时，可能还需重新进行程序的设定。

4）将起动开关置于 ON 位置。

5）清除故障码。

6）将起动开关置于 OFF 位置，等待 60s 以上。

【任务实施】

根据现有实训车辆，完成以下实操：

1）起动车辆，并在车辆自检过程中，观察下表中所列指示灯标识，并填写指示灯所代表的含义。

注意事项

在进行高压车辆诊断及维护前，务必佩戴好个人防护用具，并严格遵守正确的操作步骤。

指示灯	含义
READY	
（车辆轮廓图标）	
（车辆轮廓图标）	
（充电加油图标）	
（电池+图标）	
（电池图标）	
（电池图标）	
（电池闪电图标）	
（电池加热图标）	
（电池温度图标）	
（充电插头图标）	
（故障警示图标）	

2）现场进行高压断电操作，并完成以下填空。

① 档位开关置于_____，驻车制动，拔下钥匙，并妥善保管。

② _____，并用绝缘胶布将其包裹好。

③ 等待3min，_____，将手动维修开关用绝缘胶布贴封起来，隔离外露区域与高压系统的接线端或插接器。

④ 戴上绝缘手套，将_____拆下。

⑤ 断开手动维修开关后，_____，使用万用表检测需要维修的高电压系统正、负极母线进行_____，读数必须小于规定值（一般小于3V），否则，需要专用放电设备对相应高压部件进行放电，直至小于规定值（一般小于3V）。

【任务评价与考核】

任务名称	新能源汽车故障诊断策略		
姓名		组别	
授课地点		学时	
学习态度（20分）			
序号	考核点	配分	得分
1	出勤	5	
2	课堂纪律	5	
3	6S管理	6	
4	劳动	4	
知识掌握（30分）			
序号	考核点	配分	得分
1	能描述高压系统控制原理	10	
2	能说出仪表指示灯使用思路	10	
3	能描述新能源汽车故障诊断基本流程	10	
技能掌握（50分）			
序号	考核点	配分	得分
1	能识别新能源汽车主要仪表指示灯	20	
2	能规范进行高压断电操作	30	
总分		100	

【课后测评】

通过对本任务的学习，同学们能否尝试叙述本任务所涉及的知识点？

任务二　新能源汽车故障诊断仪的使用

【学习目标】

知识目标

1. 能够描述新能源汽车故障诊断仪的基本使用步骤。
2. 能够描述新能源汽车故障诊断仪的基本诊断功能。

技能目标

具有运用新能源汽车故障诊断仪在实车进行读取故障码、数据流及动作测试等能力。

素养目标

1. 培养学生的独立工作能力和团队协作能力。
2. 培养学生的继续学习和职业发展能力。

【任务导入】

如果你被安排到比亚迪4S店，你的主管要你去调取一辆客户反映故障车辆的DTC（故障码）和与DTC相关的关键数据信息，你能正确使用对应车型的故障诊断仪并读取到你需要的信息吗？

【任务准备】

安全防护：做好车辆安全防护与隔离（车内外三件套、车轮挡块、警示隔离带等）。
工具设备：数字万用表、绝缘防护用品、绝缘工具套装、常规工具套装。
实训车辆：比亚迪e5纯电动汽车整车。
辅助工具及资料：道通MS908S故障诊断仪。

【知识准备】

一、故障诊断仪的主要功能

1）诊断，主要包括读取故障码和清除故障码。
2）系统参数显示，主要包括主要参数、测试项、传感器信号电压的显示。
3）系统状态显示，主要包括编程状态、稳定工况、动态工况、电机转速、电机功率、电机转矩和档位等状态的显示。

4）执行器试验，主要包括电子驻车制动、转向、制动排气、胎压监测等项目功能的测试。

5）里程记录，主要包括车辆行驶里程、行驶时间的显示。

6）ECU 信息，主要包括 ECU 硬件号码、ECU 软件号码、ECU 软件版本等信息显示。

二、故障诊断仪的使用步骤

诊断仪器用于对应车型的故障诊断，也称为解码器、故障扫描仪等。不同车型采用的诊断仪器也有所不同。除了必须注意高压安全外，新能源汽车故障诊断仪的使用和普通车辆操作步骤基本相同。以下主要以道通 MS908S 故障诊断仪对比亚迪 e5 车型为例进行实车诊断：

1）OBD 接口连接故障诊断仪。

2）车辆上电。

3）进入诊断功能选择界面。

4）选择车型诊断，选择需要诊断的车型（e5），如图 1-4 所示。

5）进入诊断功能选择界面，如图 1-5 所示。

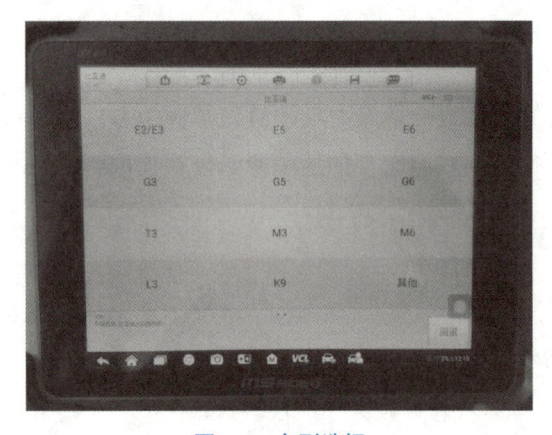

图 1-4　车型选择

图 1-5　诊断功能选择界面

6）选择自动扫描或单独系统扫描，对车辆进行相应扫描诊断，如图 1-6 所示。

① 读取 ECU 信息。ECU 版本信息是厂家自定义的一组数据。用来标识一些基本的信息，如 Vehicle Identification Number，即车辆识别代号等，如图 1-7 所示。

② 读取故障码。该功能可以把 ECU 检测到的故障以特定代码（即故障码）形式显示出来。如系统无故障，将提示"系统无故障"；若系统有故障，"信息栏"将列出所有的故障码及相应故障信息，如图 1-8 所示。每一条故障信息由三部分组成：第一部分是如"P1A6000"的形式，即所谓的故障码，第一个字母"P"表示动力系统部分故障；第二部分是用小括号括起来的，表示该故障的状态，有"当前""历史"和"间歇性"三种不同状态；第三部分是完整的故障信息简单描述，有的故障信息若故障诊断仪中没有包含，则会提示"故障码无定义"。

图1-6　扫描选择

图1-7　读取ECU信息

图1-8　读取故障码

③ 清除故障码。该功能用于把ECU中记录的一些历史性或间歇性故障清除，如图1-9所示。

④ 读取数据流。该功能用于展示车辆的各项数据状态，包括发动机当前转速和车速等信息。通信成功之后的显示如图1-10所示，当前显示的是第1页内容，可以按左、右键翻页查看其他数据内容。

图1-9　清除故障码

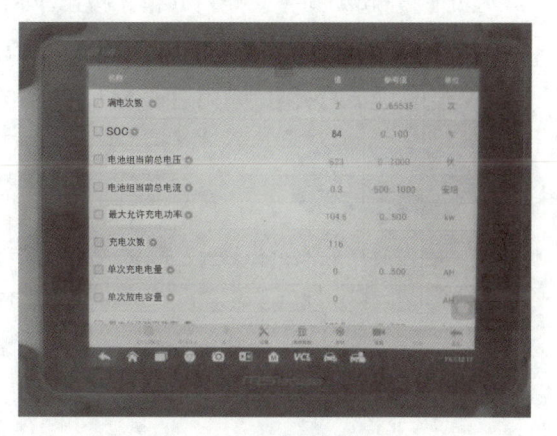

图1-10　读取数据流

⑤ 元件动作测试。元件动作测试分两种控制方式，分别为开关量和控制量，比亚迪 e5 电子驻车系统动作测试主要包括拉起和释放两个动作，如图 1-11 所示。每种量的执行动作方式各不相同。开关量是指这些量只有打开或关闭两种状态。所以用户只需要进行简单操作即可完成相应动作。控制量是一些设置量，通过这些量的设定可以改变 ECU 的一些内部变量，从而改变发动机的工作状态。

图 1-11　元件动作测试

【任务实施】

一、故障诊断仪使用前准备工作

故障诊断仪使用前准备工作如下：
1）检查翼子板布是否齐全。
2）打开主驾驶人侧车门，铺设脚垫，套上转向盘套、座椅套。
3）断开起动开关，挂入 P 位，拔出车钥匙。
4）打开前舱盖，固定支架，铺设翼子板护垫。
以比亚迪 e5 为例，采用道通 MS 908S 故障诊断仪进行数据流读取。

注意事项

在接通汽车后故障诊断仪屏幕会亮起，若程序未运行或出现乱码情景，可拔下仪器的数据线重新连接一次，即可继续操作，并且请确保测试插头和诊断仪器接触良好，以保证信号传输不会中断。

二、比亚迪 e5 数据流读取方法

1. 读取比亚迪 e5 静态数据流

1）打开故障诊断仪工具箱。

2）取出诊断仪器、诊断仪连接线。

3）连接诊断线到车辆 OBD-Ⅱ 诊断座，如图 1-12 所示。

4）将起动开关置于 ON 位，打开仪器电源，进入功能选择界面，选择车型诊断。

5）选择所检测的车型，进入比亚迪 e5 车型诊断。

6）进入自动扫描全部模块，查询所有故障，如图 1-13 所示。

图 1-12　连接诊断线到车辆 OBD-Ⅱ 诊断座

7）选择控制单元，进入动力模块，选择电池管理系统（BMS），如图 1-14 所示。

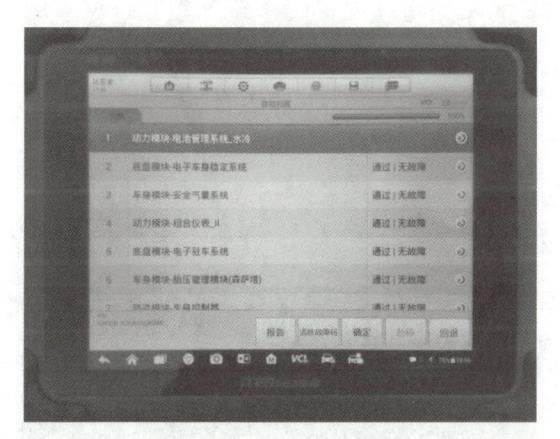

图 1-13　查询所有故障

图 1-14　选择电池管理系统（BMS）

8）读取系统故障码，如图 1-15 所示，记录故障码内容后，清除故障码。

9）重新读取故障码，查看故障码是否被清除。

10）读取数据流。根据检测需要读取数据流，如图 1-16 所示。

11）退出至故障诊断仪主菜单。

2. 读取比亚迪 e5 动态数据流

1）进入车型诊断。

2）进入车辆车型。

3）进入比亚迪 e5 动力模块。

4）进入 VIOG 控制器。

图 1-15 读取系统故障码 　　　　　　　　图 1-16 读取数据流

5）读取 ECU 信息。

6）读取各工况的动态数据流。

① 踩下制动踏板，挂入前进档。

② 踩下加速踏板（图 1-17）。

③ 踩下制动踏板，挂入倒车档。

④ 踩下加速踏板（图 1-18）。

图 1-17 挂入前进档，踩下加速踏板 　　　　图 1-18 挂入倒车档，踩下加速踏板

7）踩下制动踏板，挂入空档。

8）返回故障诊断仪主菜单。

【任务评价与考核】

任务名称	新能源汽车故障诊断仪的使用			
姓名		组别		
授课地点		学时		
学习态度（20分）					
序号	考核点	配分	得分
1	出勤	5	
2	课堂纪律	5	
3	6S 管理	6	
4	劳动	4	
知识掌握（30分）				
序号	考核点	配分	得分
1	能描述新能源汽车故障诊断仪的主要功能	15	
2	能描述新能源汽车故障诊断仪的使用方法	15	
技能掌握（50分）				
序号	考核点	配分	得分
1	能正确使用故障诊断仪的各项功能	20	
2	能正确使用故障诊断仪读取数据流	30	
总分		100	

【课后测评】

通过对本任务的学习，同学们能否尝试叙述本任务所涉及的知识点？

项目二

动力蓄电池系统的故障诊断

本项目主要学习新能源汽车动力蓄电池系统的故障诊断,设立了 1 个任务:动力蓄电池系统常见故障诊断。

通过本任务的学习,学生能够根据动力蓄电池系统的故障现象分析故障原因,会运用专用工具进行动力蓄电池系统的常见故障诊断。

任务　动力蓄电池系统常见故障诊断

【学习目标】

知识目标
1. 能够列出动力蓄电池的内部结构。
2. 能够正确描述出动力蓄电池系统的常见故障。
3. 能够正确描述出动力蓄电池高压电控制原理。

技能目标
1. 具有根据动力蓄电池系统故障现象分析故障原因的能力。
2. 具有运用专用工具进行动力蓄电池系统常见故障诊断的能力。

素养目标
1. 提升学生的团队协作能力。
2. 培养学生自主学习、分析问题和解决问题的能力。

项目二 动力蓄电池系统的故障诊断

【任务导入】

小王的吉利帝豪 EV450 纯电动汽车,起动车辆时,高压无法上电,请你为该车进行诊断和维修。

【任务准备】

安全防护:做好车辆安全防护与隔离(车内外三件套、车轮挡块、警示隔离带等)。
工具设备:数字万用表、绝缘防护用品、绝缘工具套装、常规工具套装。
实训车辆:吉利帝豪 EV450 纯电动汽车整车。
辅助工具及资料:BDS 故障诊断仪、吉利帝豪 EV450 维修手册。

【知识准备】

一、动力蓄电池相关知识

1. 动力蓄电池内部结构

动力蓄电池的内部结构如图 2-1 所示。它主要有蓄电池模组、MSD 维修开关、BMS 及信息采集系统等。BMS 负责收集动力蓄电池电压、温度、电流、绝缘阻值和继电器触点状态等,与整车进行交互通信,控制动力蓄电池高压的输出和断开,实时监控动力蓄电池的状态并判断动力蓄电池发生的故障;继电器区含主正继电器、主负继电器、预充继电器、预充电阻,受 BMS 控制,BMS 接收整车发送的指令,按时序闭合继电

图 2-1 动力蓄电池的内部结构
1—蓄电池模组 2—MSD 维修开关 3—BMS 及信息采集系统
4—继电器区 5—进水管 6—出水管

器。另外,还包括动力蓄电池热管理系统,其作用是通过对动力蓄电池冷却或加热,保持动力蓄电池正常的工作温度,以改善其运行效率并延长动力蓄电池的使用寿命。

2. 动力蓄电池高压电控制原理

(1) 动力蓄电池辅助元器件　动力蓄电池高压电控制原理图如图 2-2 所示。动力蓄电池内部辅助元器件主要包括主正继电器、预充电阻 1、预充继电器 1、快充继电器、预充电阻 2、预充继电器 2、主负继电器、电流传感器和模组。

1)预充电阻:预充电阻是在高压回路上电初期对回路中的电容和负载进行缓慢充电的

电阻，如果没有预充电阻，一方面充电上电电流过大，可能击穿电容；另一方面高压电直接加在电容上，相当于瞬间短路，过大的短路电流可能损坏电路、继电器和电源，所以设计高压回路时都会串入预充电阻，确保电路安全。

由动力蓄电池的高压电控制原理图可知，在高压上电瞬间，若首先吸合主正继电器，高压母线中的电流很大，会损坏电路中的用电设备，预充电阻1就起到了降低高压母线电压和电流的作用。

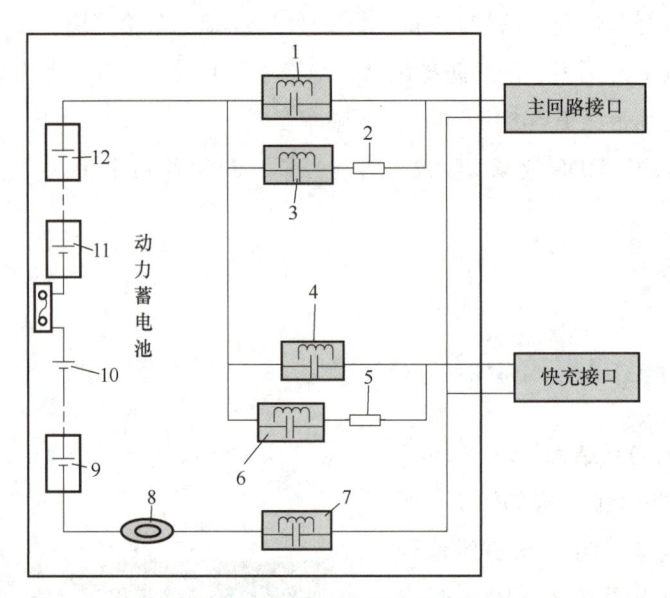

图 2-2　动力蓄电池高压电控制原理图
1—主正继电器　2—预充电阻1　3—预充继电器1　4—快充继电器　5—预充电阻2　6—预充继电器2
7—主负继电器　8—电流传感器　9—模组1　10—模组 $N/2$　11—模组 $N/2+1$　12—模组 N

2）电磁继电器：电磁继电器一般由铁心、线圈、衔铁和触点等组成，在线圈两端加上12V电压，线圈中流过电流产生电磁效应，衔铁受电磁力吸引克服弹簧拉力吸向铁心，使衔铁常开触点吸合，当线圈断电，电磁的吸力随之消失，衔铁受弹簧拉力作用返回原位置，使常开触点重新断开，总体上控制线圈吸合、释放，实现了电路的导通和切断。

动力蓄电池设置主正继电器、预充继电器和主负继电器等，以低压控制信号控制相应高压电路的通断。

3）电流传感器：电流传感器用来检测充放电电流的大小，其通常设置在负极回路上，对预充回路和正极回路流过的电流进行检测。

4）高低压插接件：动力蓄电池系统通过高低压插接件与高压控制盒相连，为外部高压部件供电，低压插接件连接CAN总线，实现BMS与整车控制器、车载充电机之间的通信。

（2）电路工作流程　动力蓄电池高压放电过程为：首先吸合主负继电器，再吸合预充继电器，预充继电器吸合之后当检测到高压母线上的电压与动力蓄电池电压相差50V以内（母线电流减小到安全电流）时，预充完成，然后接通正极继电器、断开预充继电器，这时上电完成。

> **注意事项**
>
> 图 2-2 中预充继电器 1 和预充电阻 1 构成的电路和主正继电器是并联的关系，当车辆要求高压放电时，首先接通预充继电器是为了防止瞬间高压上电造成过载，损坏动力蓄电池和电路，通过预充电阻 1 和动力蓄电池形成串联，再经过主负继电器形成回路，预充电阻 1 起到分压限流的作用，以相对小的电压和电流预先对外电路负载电容充电，极短时间内，预充过程即可完成，此时主正继电器闭合，电流从主正继电器继续输出，再经过主负极继电器形成回路，此时预充继电器断开。
> 需注意：不同车型、不同车系动力蓄电池内部模组的排序和控制方式都不同，但核心原理是一样的。

在动力蓄电池的高压电控制原理图中，各个继电器的控制方式：有的车型继电器由 VCU 控制；有的由 BMS 控制（比如比亚迪）；有的是 VCU 控制一部分（主负继电器）、BMS 控制一部分（主正继电器和预充继电器）。

需要注意的是，充电过程和放电过程类似，接通负极继电器后，先通过预充继电器 2 连通预充电阻 2，对动力蓄电池回路预充电，然后通过正极继电器正式充电。

3. 动力蓄电池安全管理

动力蓄电池安全管理主要包括动力蓄电池安全、高压互锁、高压绝缘和碰撞安全四方面的管理。

4. 动力蓄电池热管理

动力蓄电池最佳的工作温度为 25℃左右，其热管理包括运行预热、运行散热（冷却）、充电预热和充电散热（冷却）四种情况。

二、动力蓄电池常见故障及其分析

1. 单体蓄电池电压高

故障现象如下：

1）动力蓄电池电压高。

2）满电静止后，单体蓄电池单串或几串电压明显偏高，其他单体蓄电池正常。

故障原因如下：

1）BMS 信息采集器采集误差。

2）BMS 信息采集器功能出现误差或失效。

3）动力蓄电池容量低，充电时电压上升较快。

故障分析与诊断如下：

1）动力蓄电池某单体蓄电池电压显示电压值比其他的单体蓄电池偏高，此时读取数据流获取动力蓄电池的单体电压值，查看若高于其他单体蓄电池的最高电压，说明为当前故障，分解动力蓄电池，用万用表测量异常单体蓄电池电压的实际值，如果实际值和其他单体蓄电池电压数据相等，则说明采集有误差或 BMS 信息采集器功能失效，需要更换单体蓄电池电压采集线或 BMS。

2）若实际电压确实高，需要更换电压比较高的单体蓄电池，更换后对动力蓄电池进行均衡。

以三元锂电池为例：故障门限值持续保持 10s，报故障；恢复反之。通常 2 级严重故障的标准为：任何一个单体蓄电池电压不低于 4.21V。3 级重大故障的标准为：任何一个单体蓄电池电压不低于 4.30V。组合仪表上动力蓄电池故障警告灯点亮，同时动力蓄电池被切断，图 2-3 所示为动力蓄电池故障警告灯。

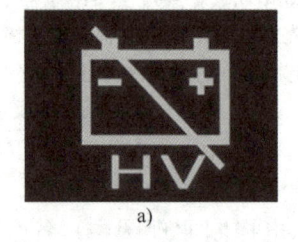

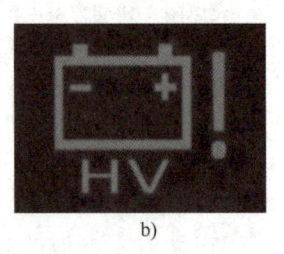

图 2-3　动力蓄电池故障警告灯
a）动力蓄电池系统断开故障　b）动力蓄电池故障

2. 动力蓄电池电压低

故障现象如下：满电静止后，单体蓄电池单串或几串电压明显偏低，其他单体蓄电池正常。

故障原因如下：

1）采集误差。

2）BMS 信息采集器功能出现误差或失效。

3）单体蓄电池自放电率大。

4）单体蓄电池容量变小，放电时电压下降过快。

故障分析如下：

1）动力蓄电池某单体蓄电池电压显示电压值比其他的单体蓄电池偏低，此时读取数据流获取动力蓄电池的单体蓄电池电压值，查看若低于其他单体蓄电池的最低电压，分解动力蓄电池，用万用表测量异常单体蓄电池电压的实际值，如果实际值和其他单体蓄电池电压数据相等，说明采集有误差或 BMS 信息采集器功能失效，需要更换采集器或 BMS。

2）实际电压确实低，对单体蓄电池容量及电阻进行检测，若动力蓄电池异常，需要对动力蓄电池模组进行均衡，再观察。

以三元锂电池为例：故障门限值持续保持 10s，报故障；恢复反之。通常 2 级严重故障的标准为：任意单体蓄电池电压不大于 3.15V。3 级重大故障的标准为：任意单体蓄电池电压为 3.0V。并且组合仪表 SOC 电量为 0，同时动力蓄电池故障警告灯和动力蓄电池切断故障灯点亮。

3. 电压跳变

故障现象：车辆在运行或充电时，单体蓄电池电压跳变。

故障原因：电压采集线连接点松动、BMS 信息采集器功能失效。

4. 动力蓄电池温度故障模式

动力蓄电池温度故障通常分为一个点或多个点温度偏低或温度偏高，在运行中或充电中达到报警阈值，一旦达到报警阈值后将切断动力蓄电池的电能输出或输入。

温度高的故障原因：温度传感器故障；相关电路故障；电连接异常局部发热；风扇未开启，散热差；靠近电机等热源；过充电。

温度低的故障原因：温度传感器故障；相关电路故障；局部加热片异常。

5. 动力蓄电池绝缘性能故障

故障原因如下：

1）模组与模组之间的铜排连接片绝缘层破损。

2）信息采集器内部短路或采集线挤压破损。

3）动力蓄电池由于外部碰撞导致单体蓄电池漏液，造成绝缘故障。

4）绝缘监测模块（如设计在动力蓄电池内部）内部电路板短路。

5）动力蓄电池内部高压配电箱（如设计在动力蓄电池内部）内部短路。

6）动力蓄电池进水导致或水冷冷却管路（动力蓄电池内部）漏液。

6. 动力蓄电池系统故障导致的高压无法上电故障

由于动力蓄电池系统故障表现出来的都不是动力蓄电池的故障，而是整车故障，因此动力蓄电池系统故障主要表现在车辆无法上电。

【任务实施】

一、高压无法上电故障分析

动力蓄电池无法上电常见的故障现象有 3 种［2）和 3）将在项目四中学习］：

1）踩下制动踏板，打开起动开关，上电运行"READY"灯无法点亮，动力蓄电池主正和预充继电器接通后立即断开或直接不动作，系统无法上电。

2）连接慢充设备和电缆，动力蓄电池主正和主负继电器接通后立即断开或直接不动作，系统无法充电。

3）连接快充设备和电缆，动力蓄电池主正和主负继电器接通后立即断开或直接不动作，系统无法充电。

BMS 是决定车辆高压是否上电的主要条件之一。如果 BMS 出现故障，将造成整车其他控制单元无法获知动力蓄电池电量，同时 BMS 无法获知高压系统连接的完整性、其他高压系统的绝缘状态、车辆准备状态以及车辆运行状态（行驶、充电），造成 BMS 无法控制内部主正继电器、主负继电器、预充继电器的动作，致使高压不上电，同时车辆行驶及其他辅助功能也将受限。

动力蓄电池内部温度、单体蓄电池电压、电池组电流是衡量电池组健康（SOH）的主要因素，单体温度、单体电压和蓄电池组电流由数据采集模块采集并监控，同时数据采集模块还对单体蓄电池电压进行均衡，使所有单体蓄电池电压达到一致性。如果系统出现故障，

BMS 有可能启动保护功能，导致输出电量受限，严重时为了动力蓄电池以及车辆安全，中断整车高压上电。

BMS 常见的故障现象是车辆上电失败或输出功率受限，而其成因主要包括：

1）至 BMS 的 CAN 总线断路、虚接或短路故障。

2）BMS 电源电路断路、虚接、短路或其自身故障。

3）动力蓄电池输出电路故障。

4）动力蓄电池内部电流、电压传感器或其电路断路、虚接、短路故障。

5）动力蓄电池内部主正继电器、主负继电器、预充继电器的控制、电路以及自身故障。

6）动力蓄电池内部高压互锁信号及电路断路、虚接、短路故障。

7）动力蓄电池内部温度传感器信号及电路断路、虚接、短路故障。

8）BMS 对动力蓄电池进行过温保护。

9）BMS 对动力蓄电池进行过电压保护。

10）BMS 对动力蓄电池进行过电流保护。

11）动力蓄电池电量过低，导致整车无法起动。

常见的故障现象为：踩制动踏板数次并保持，起动车辆后，仪表正常点亮，可运行指示"READY"灯无法点亮，蓄电池指示灯、动力蓄电池故障指示灯（红色）点亮，如图 2-4 所示，此时制动踏板高度没有变化，同时组合仪表上没有其他系统故障灯点亮。

图 2-4　仪表盘显示

具体表现如下：

1）BMS 的 P-CAN 通信电路断路、虚接或短路故障。

2）BMS 电源电路断路、虚接或短路故障。

3）BMS 自身故障。

二、高压无法上电故障诊断

1. 故障现象描述

小王的吉利帝豪 EV450，踩下制动踏板数次并保持，起动车辆后，仪表点亮正常，可运行指示"READY"灯无法点亮，蓄电池指示灯、动力蓄电池故障指示灯（红色）点亮；动力蓄电池主正、主负继电器不动作，高压不上电，且制动踏板高度没有变化；组合仪表上没有其他系统故障灯点亮。

2. 故障现象分析

故障现象分析前面已经介绍过。

3. 故障诊断过程（包括填写任务工单）

为了进一步确认及缩小故障部位，借用诊断仪器读取 BMS 模块内故障码和数据流，对故障部位做进一步解析。具体故障诊断过程见表 2-1，任务工单见表 2-2。

表 2-1 高压无法上电故障诊断过程

序号	操作示意图	操作方法	实测值	原因分析
1		连接诊断仪器至 OBD 诊断接口后，通过使用诊断仪器与 BMS 模块进行通信	显示未连接成功	—
2		通过使用诊断仪器与整车控制器（VCU）连接	在 VCU 内部读取到以下故障码：与 BMS 模块失去通信	1）BMS 模块供电电路（断路、虚接、短路）故障 2）BMS 与 VCU 之间 P-CAN 总线（断路、虚接、短路）故障 3）BMS 模块自身故障
3		使用万用表电压档（12V）测量 BMS 模块的供电熔丝：EF01	测得熔丝两端的电压分别为 11.87V、0	—
4		更换熔丝	熔丝断路	起动车辆，车辆上电，故障排除

表 2-2　任务工单

测试环节（请在以下区域填写或勾选）			
填写车辆信息	VIN		
	品牌		
车辆基本检查	辅助蓄电池电压：_____V □ 正常　□ 异常		
	高压部件安装及插接器连接情况： □ 正常　□ 异常		
	动力蓄电池工作电压：		
故障现象 初步判定			

（续）

故障诊断过程记录		
步骤	诊断对象及检测项目	测量结果分析与下一次诊断对象
		测量结果分析： 下一次诊断对象：
		测量结果分析： 下一次诊断对象：
		测量结果分析： 下一次诊断对象：
诊断结论	确认故障点	
	绘制围绕故障点的电路简图	

【任务评价与考核】

任务名称	动力蓄电池系统常见故障诊断		
姓名		组别	
授课地点		学时	
学习态度（15分）			
序号	考核点	配分	得分
1	出勤	5	
2	课堂纪律	5	
3	6S管理	3	
4	劳动	2	
知识掌握（15分）			
序号	考核点	配分	得分
1	能够列出动力蓄电池无法上电的常见故障	5	
2	能够根据动力蓄电池系统的故障现象分析故障原因	10	
技能掌握（70分）			
序号	考核点	配分	得分
1	车辆信息与基本检查	20	
2	故障诊断过程	30	
3	故障诊断结论	20	
总分		100	

【课后测评】

通过对任务的学习，同学们有什么心得体会呢？同学们尝试着优化一下诊断流程。

【知识链接】

一、动力蓄电池管理的必要性

1. 安全需求

（1）大容量单体蓄电池容易产生过热　单体蓄电池有一定的温度耐受范围，体积过大会产生局部过热，影响动力蓄电池的安全和性能。在极端情况下，锂离子蓄电池过热或者过充电会导致热失控，动力蓄电池破裂甚至爆炸，需要 BMS 来严格控制充放电过程，避免过充电、过放电、过热。所以有必要检测和控制温度。

（2）动力蓄电池的性能不完全一致　基于现有的正极材料和动力蓄电池制造水平，单体蓄电池之间尚不能达到性能的完全一致，在通过串并联方式组成大功率、大容量动力蓄电池后，苛刻的使用条件也易诱发局部偏差，从而引起安全问题。因此，为确保动力蓄电池的性能良好、延长动力蓄电池使用寿命（提升 50% 以上），必须使用 BMS 对动力蓄电池进行合理有效的管理和控制。图 2-5 所示为 BMS 在动力蓄电池箱中的位置，图 2-6 所示为 BMS 实物图。

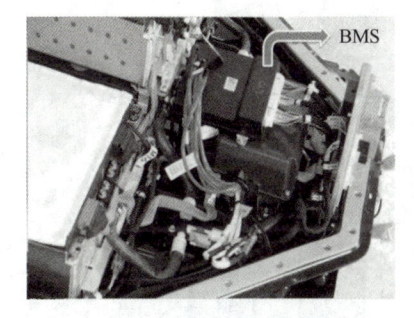

图 2-5　BMS 在动力蓄电池箱中的位置

图 2-6　BMS 实物图

2. 功能需求

锂离子蓄电池在使用过程中需要知道蓄电池的 SOC 参数，通过 SOC 预测蓄电池的剩余电量。BMS 通过均衡，改善不一致性，提升蓄电池整体性能。蓄电池在不同的温度下会有不同的工作性能，锂离子蓄电池的最佳工作温度为 25~40℃。

二、动力蓄电池的内部结构

1）动力蓄电池内部由多个模组串联，动力蓄电池配有 MSD 检修开关，其结构如图 2-7 所示。

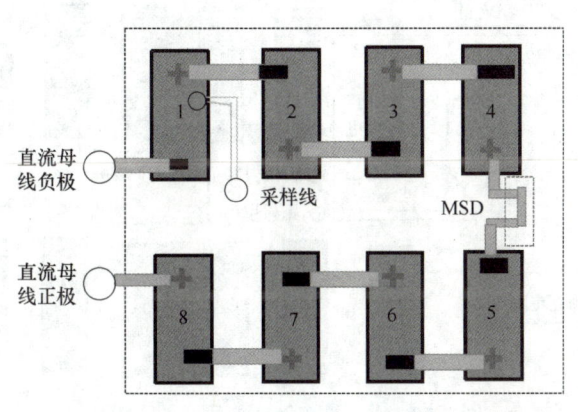

图 2-7　动力蓄电池结构示意图（一）

2）动力蓄电池内部设计分压继电器，其结构如图 2-8 所示。

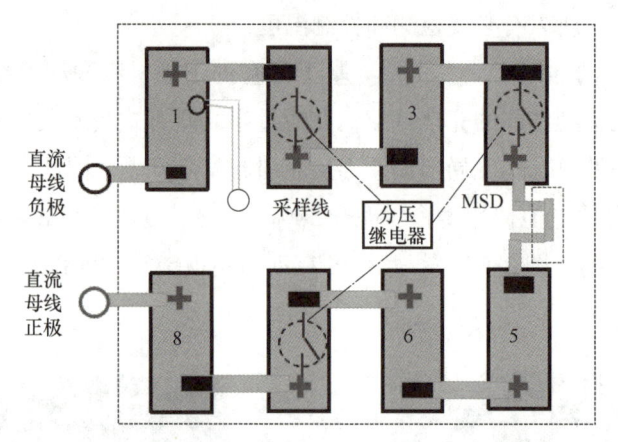

图 2-8　动力蓄电池结构示意图（二）

3）既有分压继电器又有主负继电器，其结构如图 2-9 所示。

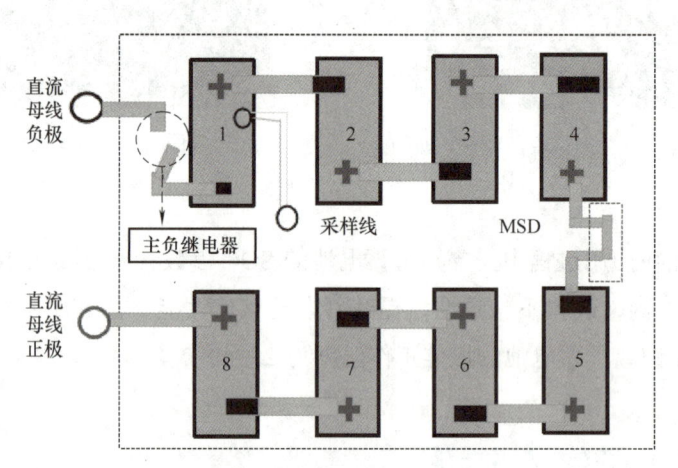

图 2-9　动力蓄电池结构示意图（三）

4）内部设计了高压配电箱，其结构如图 2-10 所示。

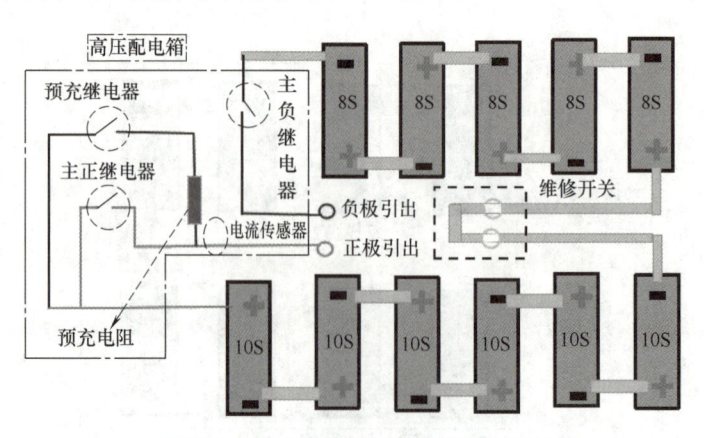

图 2-10　动力蓄电池结构示意图（四）

项目三

电机驱动系统的故障诊断

本项目主要学习新能源汽车电机驱动系统的故障诊断，分为以下两个任务：

任务一　驱动电机转动异常的故障诊断与排除

任务二　电机控制系统的故障诊断

通过本项目的学习，学生能够说出驱动电机及电机控制器（MCU）的故障症状、描述出驱动电机和电机控制器故障的可能原因、认知驱动电机和电机控制系统电路图、完成电机驱动系统的故障诊断。

任务一　驱动电机转动异常的故障诊断与排除

【学习目标】

知识目标

1. 能够根据车辆仪表的显示和故障诊断仪检测的故障码分析故障原因。
2. 能够制订旋变传感器的故障诊断流程。

技能目标

1. 具有根据制订的诊断流程对旋变传感器进行故障诊断的能力。
2. 具有运用专用工具进行驱动电机转动异常故障诊断的能力。

素养目标

1. 能够制订工作计划，独立完成工作学习任务。
2. 能够在工作过程中，与小组其他成员合作、交流并进行学习任务分工，具备团队合作和安全操作的意识。

3. 养成服从管理、规范作业的良好工作习惯；培养安全工作的习惯。

【任务导入】

一辆吉利帝豪 EV450 纯电动汽车，客户反映起动车辆后，挂档踩加速踏板汽车无法行驶，根据客户描述的故障现象，维修顾问将车辆交给技师，经技师小王上电查看发现 READY 指示灯正常点亮，把车辆举起挂档踩下加速踏板仪表会显示故障提醒警告灯，电机有转动的声音，但是与正常转动的声音有所区别。你能帮助小王排除故障吗？

【任务准备】

安全防护：做好车辆安全防护与隔离（车内外三件套、车轮挡块、警示隔离带等）。
工具设备：数字万用表、绝缘防护用品、绝缘工具套装、常规工具套装。
实训车辆：吉利帝豪 EV450 整车。
辅助工具及资料：常用故障诊断仪、吉利帝豪 EV450 维修手册。

【知识准备】

一、驱动电机系统相关知识

1. 驱动电机原理

驱动电机是纯电动汽车 / 混合动力汽车（使用 EV 模式行驶）的终端执行高压部件，它是将动力蓄电池的电能转换为机械能的关键装置，驱动电机系统运行流程图如图 3-1 所示。驱动电机常见的故障有绝缘故障、运行时振动、电流过载、驱动电机超速故障、驱动电机运行时过温故障、旋变传感器故障、驱动电机噪声异常等故障，驱动电机系统结构图如图 3-2 所示。

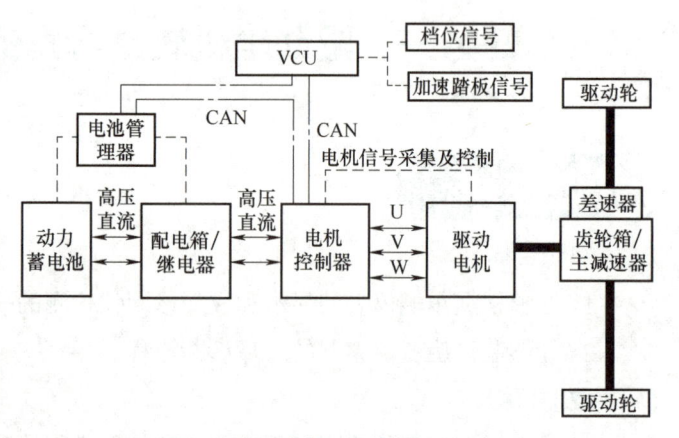

图 3-1 驱动电机系统运行流程图

2. 驱动电机的故障诊断与排除方法

驱动电机发生故障时，通常仪表盘会点亮动力系统的故障警告灯。应先利用故障诊断仪读取故障码，根据故障码提示的内容进行检修。

当纯电动汽车或插电式混合动力汽车出现故障时，通常在仪表上会显示出相应的故障灯来提醒驾驶人，并根据车辆的实际运行情况，以及结合故障类型，启动相应的故障模式。整车故障的四级划分见表3-1。

当驱动电机系统出现故障时，电机控制器将故障信息发送给VCU。VCU根据驱动电机、动力蓄电池、DC/DC变换器等零部件故障和整车CAN网络故障及VCU硬件故障进行综合判断，确定整车的故障等级，并进行相应的处理。

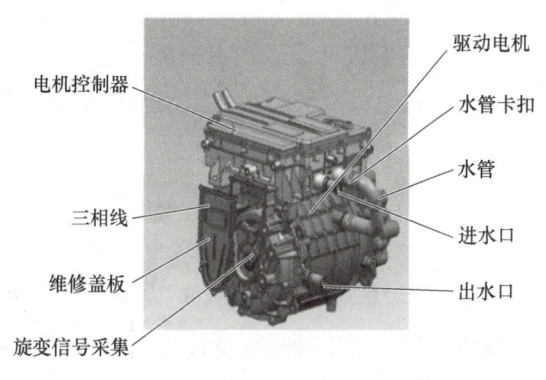

图3-2 驱动电机系统结构图

表3-1 整车故障的四级划分

等级	名称	故障后处理
一级	致命故障	驱动电机零转矩，1s紧急断开高压，系统故障灯亮
二级	严重故障	二级驱动电机故障，驱动电机零转矩；二级动力蓄电池故障，系统故障灯亮
三级	一般故障	进入如跛行工况/降功率，系统故障灯亮
四级	轻微故障	四级故障属于维修提示，但VCU不对整车及逆行限制，只仪表显示。四级能量回收故障，仅停止能量回收，行驶不受影响

3. 驱动电机常见的故障症状、原因与诊断方法

（1）绝缘故障

1）故障现象：车辆无法上电，车辆不能行驶。

2）故障原因：驱动电机定子三相绕组绝缘故障，通常是驱动电机绕组烧损造成绝缘故障，造成驱动电机绕组烧损的原因为驱动电机在运行中温度过高。

3）诊断方法：使用绝缘测试仪进行绝缘测试，其绝缘电阻应不小于$20M\Omega$。

（2）运行时振动

1）故障现象：车辆在运行时振动，驾驶舒适性变差。

2）诊断方法：定子三相电压不对称，检查电源供电三相电压是否平衡。车辆在运行时，电压不平衡，将会导致电流不平衡。在出现定子三相电压不平衡时，有两种方法进行检测，一种是用钳形电流表检测三相线电流，另一种是使用故障诊断仪检测。

3）注意事项：要在相同车速、转速、转矩的情况下测量电流，三相电流应基本相等。否则需要测量驱动电机三相绕组阻值是否相等。如果三相阻值不相等，并超过允许的偏差，需要更换驱动电机总成；如果三相阻值相等，需要检查电机控制器内部的IGBT（采用测量管压降的方式进行检测）。

用故障诊断仪进行诊断时，应在相同条件下进行读取。

4）处理方法：

①驱动电机转子运转不平衡，需要更换驱动电机总成或者进行驱动电机转子平衡处理；②驱动电机总成支架断裂、驱动电机及变速器悬架断裂或悬置断裂；③驱动电机总成定转子气隙不均，需要检修驱动电机转子轴承是否老化，如果老化，会出现异响。

(3) 驱动电机运行时过温故障

1）驱动电机扫膛故障，检查定子与转子气隙及转轴、轴承是否正常。

2）冷却系统故障，检查冷却系统电动水泵、水泵控制电路、传感器故障（包含冷却液温度传感器、定子绕组温度传感器）、冷却液缺少或冷却液内部有气体存在。

3）驱动电机绕组故障，检查绕组是否有接地、短路和断路等故障，使用万用表测量其阻值与接地阻抗。

(4) 驱动电机超速故障　整车负载突然降低，驱动电机转矩控制失效。故障原因通常为：传动轴行驶中脱落、驱动电机转子轴断裂、单档变速器内部机械齿轮故障、电机控制器硬件故障。

(5) 驱动电机堵转故障　驱动电机堵转是指由于驱动电机在运转时会受到外部或自身原因引起机械性卡滞，造成驱动电机在运转时转子与定子所旋转磁场不同步，使电机控制器接收到的旋变传感器信号与电机控制器内部提供的相变不匹配。一句话概括就是"外部或驱动电机转子机械卡滞导致运转不畅"。

驱动电机是动力系统的重要执行机构，是电能与机械能的转化部件。它由电机、位置传感器、温度传感器和散热系统共4部分组成。

(1) 电机温度传感器　如图3-3所示，在电机定子上装有温度传感器，通常采用负温度系数温度传感器，用来监测定子绕组温度，避免温度过高造成组件损坏，并将温度信号转换成电信号，如图3-4所示。

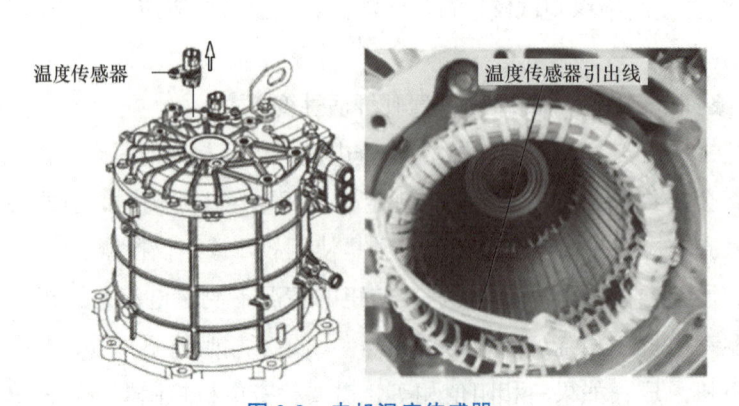

图 3-3　电机温度传感器

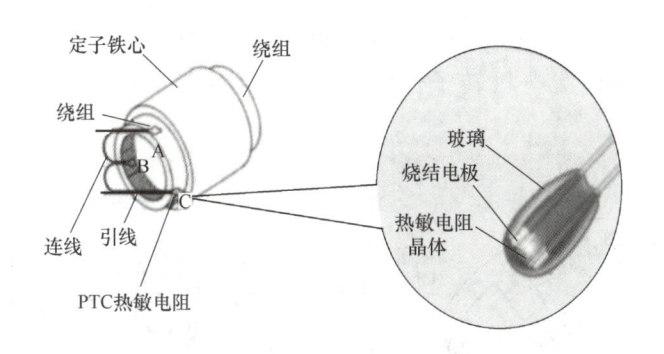

图 3-3 电机温度传感器（续）

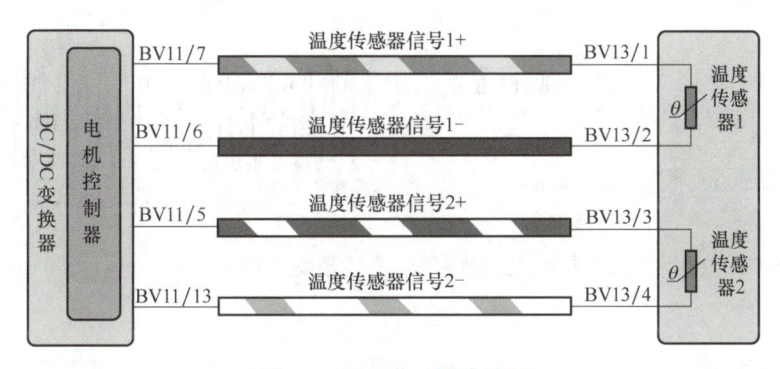

图 3-4 温度传感器电路图

（2）旋变传感器 旋变传感器简称为旋变，是一种输出电压随转子转角变化的器件。旋变传感器包括一个励磁绕组、两个信号输出绕组和一个不规则形状的转子。旋变传感器的励磁绕组和两个信号绕组均固定在旋变传感器的定子铁心槽中，定子内圆上冲制有若干等分极靴，每个极靴上冲制若干等分小齿，绕组安放在极靴上。旋变传感器不规则形状的转子由带齿的硅钢片叠压而成，外圆表面冲制有若干等分小齿，其数量与极靴对数相同，无任何绕组，以机械方式固定在电机轴上，如图 3-5 所示。

图 3-5 旋变传感器的定子及转子

当起动开关处于 ON 位置，电机控制器控制励磁绕组以一定频率的交流电压励磁时，随着转子的位置变化，信号输出绕组的感应电动势随转子转角呈正余弦函数关系变化。旋变传感器用以检测电机转子位置，控制器解码后可以获知电机转速，如图3-6所示。

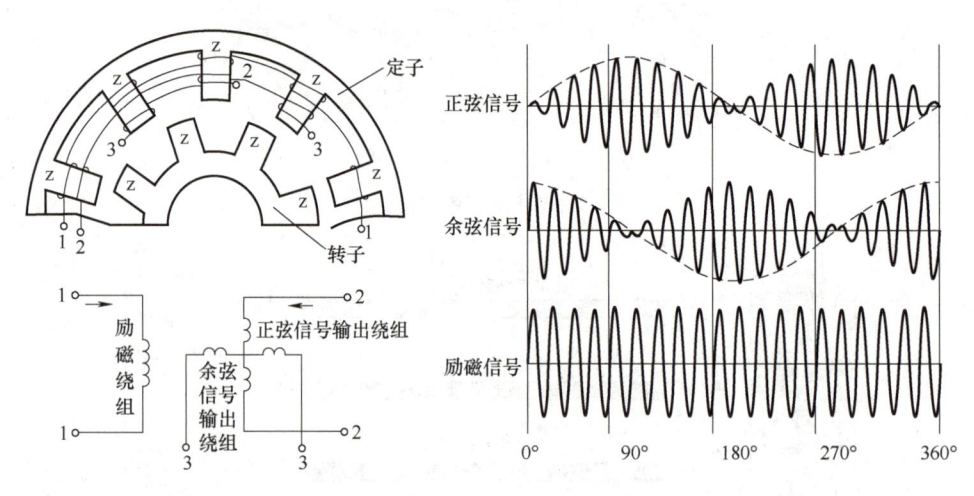

图 3-6　旋变传感器工作示意图及工作波形

【任务实施】

一、驱动电机转动异常故障分析

吉利帝豪 EV450 纯电动汽车旋变传感器安装在驱动电机上，其主要的作用是检测驱动电机的转子位置信号，并把该信号转变为电信号传递给电机控制器进行解码获得转子转速，驱动电机旋变传感器共有 6 根线束，其中 2 根正旋信号线、2 根余旋信号线、2 根励磁信号线，如图 3-7 所示。当旋变传感器中的正旋信号线、余旋信号线、励磁信号线其中的某一根信号线发生故障时，车辆可以正常上高压电，但是挂档踩下加速踏板时旋变传感器会发送给电机控制器一个错误的信号，这时电机控制器无法准确地接收到驱动电机的相关信息，无法准确地控制驱动电机旋转，电机控制器会将它遇到的问题发送给 VCU，VCU 会将故障提示发送到仪表，仪表会显示故障提醒警告灯。驱动电机转动异常故障点分析如图 3-8 所示。

旋变传感器上的正旋信号线、余旋信号线、励磁信号线的故障现象是相似的，发生这类故障后正旋信号线、余旋信号线、励磁信号线进行全部的检测，检测过程中除了常规的检测外，还要使用示波器对正旋信号线、余旋信号线和励磁信号线的波形进行检查。

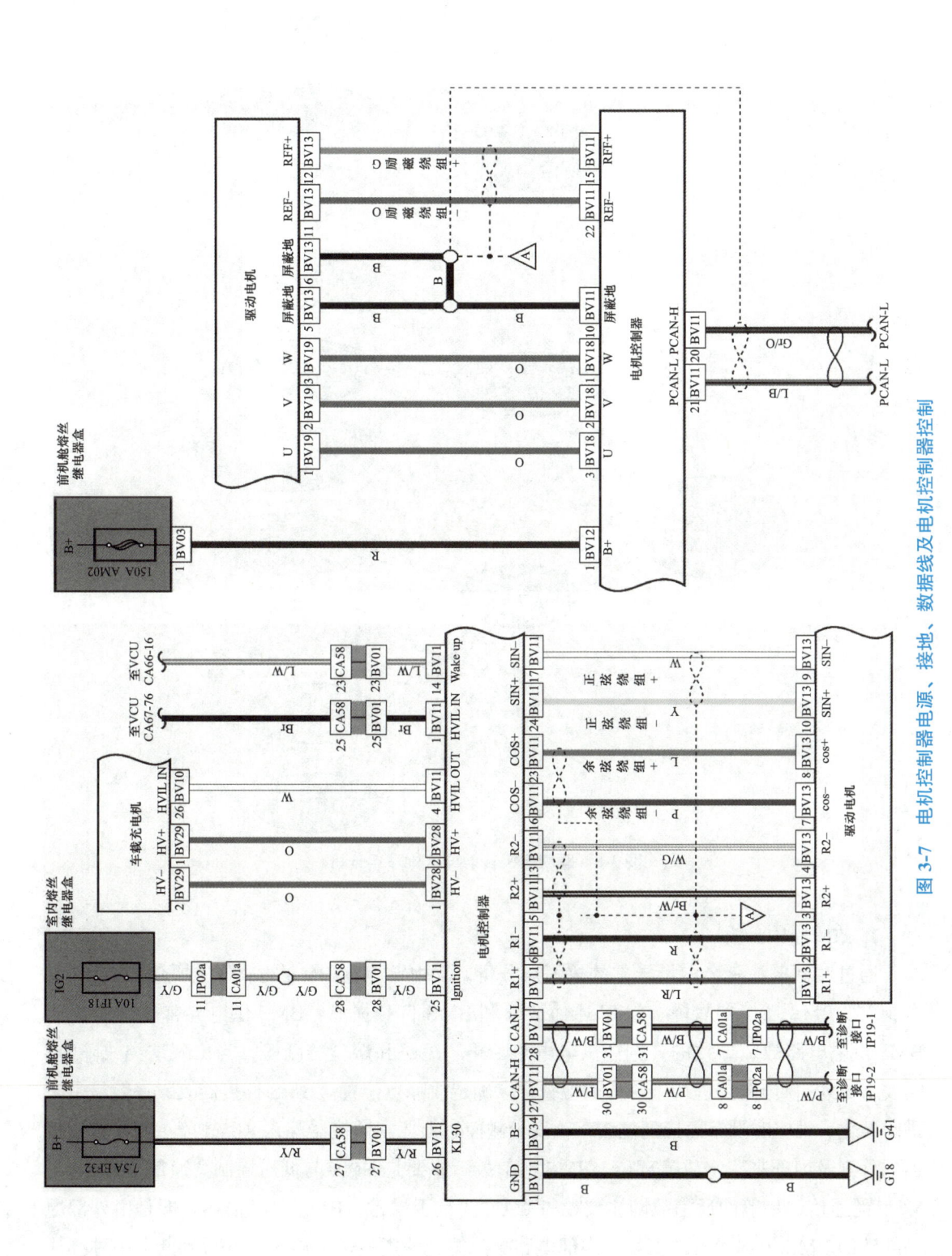

图 3-7 电机控制器电源、接地、数据线及电机控制器控制

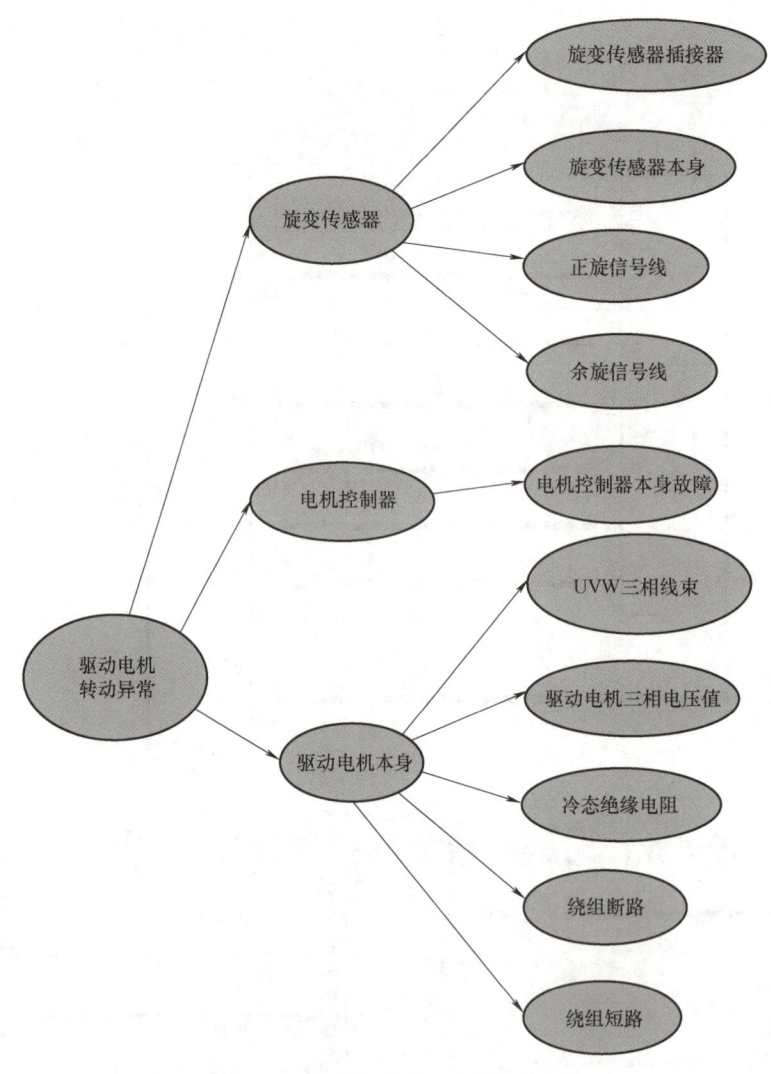

图 3-8　驱动电机转动异常故障点分析

1. 故障原因分析

通过对蓄电池剩余电量异常的故障点分析，动力蓄电池 BMS 的故障主要包含 BMS 供电异常、BMS 插接器故障、BMS 通信故障和 BMS 自身损坏。BMS 供电异常往往是由于 BMS 供电电路故障导致的，例如供电电路断路、短路和熔丝熔断等，当出现这类故障时，需要对 BMS 供电电路进行进一步的检查，以确定故障点位置。BMS 插接器故障一般是由于进水氧化、维修时没有插接到位、车辆发生碰撞时损坏到插接器等，这类故障主要检查插接器的外观及内部来确定故障部位。BMS 通信故障主要是 BMS 与低压控制盒通信及 BMS 与 VCU 的通信，一般的通信故障主要检查 CAN 线是否异常。BMS 自身损坏一般是由外部原因导致的 BMS 内部元器件损坏、内部电路故障等，该类故障一般不好进行判断，一种办法是如果对其他故障进行排除后，仍不能解决故障，则可认为是 BMS 损坏，另一种办法是直

项目三　电机驱动系统的故障诊断

接拿一个好的 BMS 换上，故障排除就可以确定是 BMS 损坏。

2. 故障诊断流程

当吉利帝豪 EV450 纯电动汽车发生驱动电机转动异常故障时，故障是通过上电挂档踩下加速踏板出现的，加速踏板出现故障时驱动电机是不转动的，所以驱动电机转动异常故障分析里没有加速踏板的故障分析，驱动电机转动异常故障诊断流程应该从旋变传感器、驱动电机本身和电机控制器三方面进行故障分析，如图 3-9 所示。

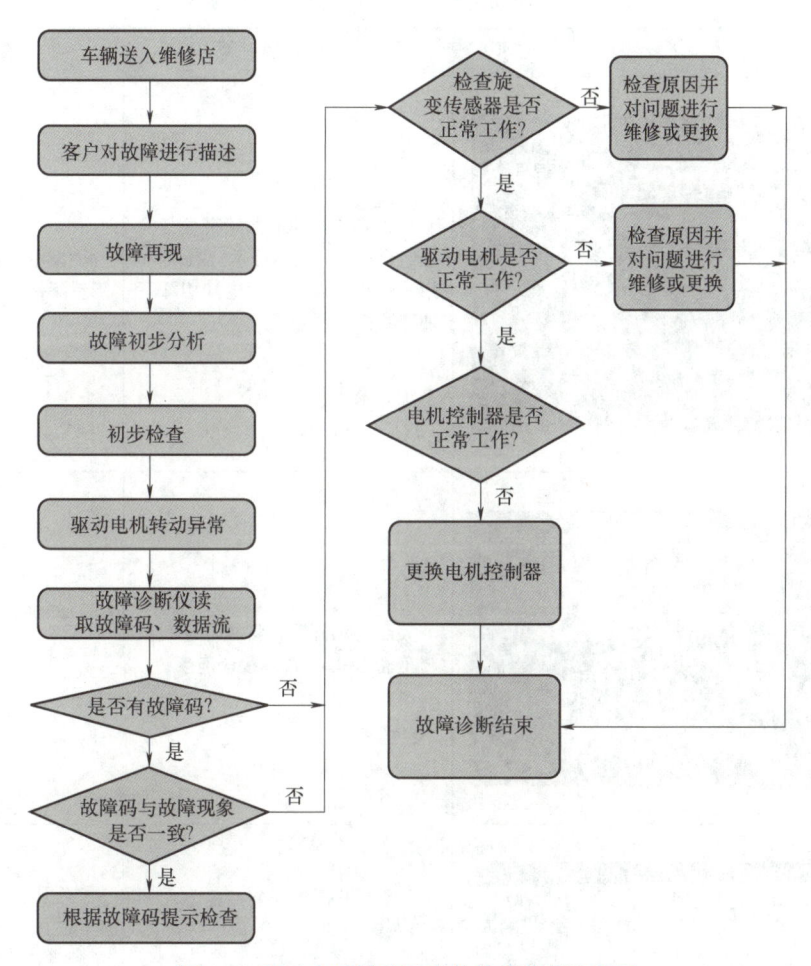

图 3-9　驱动电机转动异常的故障诊断流程图

二、驱动电机转动异常故障诊断

1. 故障现象描述

一辆吉利帝豪 EV450 纯电动汽车，客户反映起动车辆后，挂档踩加速踏板汽车无法行驶，根据客户描述的故障现象，维修顾问将车辆交给技师，经技师小王上电查看发现 READY 指示灯正常点亮，把车辆举起挂档踩下加速踏板仪表会显示故障提醒警告灯，电机

37

有转动的声音，但是与正常转动声音有所区别。你能帮助小王排除故障吗？

2. 故障现象分析

故障现象分析已在前文中介绍。

3. 故障诊断过程

驱动电机转动异常故障诊断过程见表3-2，任务工单见表3-3。

表 3-2　驱动电机转动异常故障诊断过程

序号	操作示意图	操作方法	备注
1		根据客户描述的故障现象，检查组合仪表的故障提示，READY指示灯正常点亮，上电挂档踩下加速踏板	驱动电机转动异常，故障提醒警告灯点亮
2		关闭起动开关，将故障诊断仪与车辆OBD-Ⅱ诊断接口连接	—
3		车辆上电，使用故障诊断仪对车辆进行故障码和数据流的读取	读取电机控制器故障码，显示无故障码，更换VCU进行读取故障码和数据流
4	电路原理图如图3-7所示	根据故障码和数据流，查阅驱动电机旋变传感器电路图	确定的故障范围是旋变传感器本身及其相关电路、电机控制器等

项目三 电机驱动系统的故障诊断

（续）

序号	操作示意图	操作方法	备注
5		断开辅助蓄电池负极，等待5min，进行基本检查，对BV11插接器及BV13插接器的外观及连接情况进行检查，检查插接器的外观及连接是否正常	检测发现正弦信号线故障
6		检测发现正弦信号线故障，使用示波器测试正弦信号波形	波形异常，根据波形结果判断可能是旋变传感器正弦信号线出现故障
7		检查电机控制器BV11与旋变传感器BV13之间的正弦信号线，使用万用表电阻档检查BV11/23—BV13/8之间的电阻，电阻正常	再次用万用表电阻档检查BV11/16—BV13/7之间的电阻，标准值小于1Ω，实测值大于1Ω，阻值异常。旋变传感器正弦信号线断路，应进行维修
8		维修BV11/16—BV13/7之间的线束，使用万用表检测BV11/16—BV13/7之间的电阻，标准值小于1Ω，实测值小于1Ω	再次使用示波器检测正弦信号波形正常，故障修复

39

(续)

序号	操作示意图	操作方法	备注
9		连接 BV11、BV13 插接器，连接辅助蓄电池负极 车辆上电，使用故障诊断仪对车辆进行故障码和数据流的读取	电机控制系统显示无故障码，踩下加速踏板检查仪表无故障指示灯点亮，车辆可以正常行驶，确认故障已排除

4. 故障案例分析

吉利帝豪 EV450 纯电动汽车驱动电机转动异常的故障主要是电机控制器、电机本身和旋变传感器等，在驱动电机转动异常的故障分析里，旋变传感器是首要检查的对象，旋变传感器将信号传递给电机控制器，电机控制器将信号处理使用，同时也要把信号传递给 VCU。

三、实践技能

案例拓展

故障现象：踩制动踏板数次后并保持，打开一键起动开关后，组合仪表点亮正常，可运行 READY 指示灯无法正常点亮，辅助蓄电池指示灯、整车系统故障指示灯点亮，仪表再无其他信息显示。此时档位无法切换到 D 位或 R 位，如图 3-10 所示。

图 3-10 组合仪表显示

可能的故障原因如下：

1）高压互锁信号电路断路、虚接和短路故障。
2）主继电器 ER05 自身、电源、控制电路断路、虚接、短路故障。
3）驱动电机旋变励磁信号电路断路、虚接、短路故障。
4）驱动电机温度传感器信号电路断路、虚接、短路故障。

项目三 电机驱动系统的故障诊断

涉及的故障电路图,如图 3-11 所示。

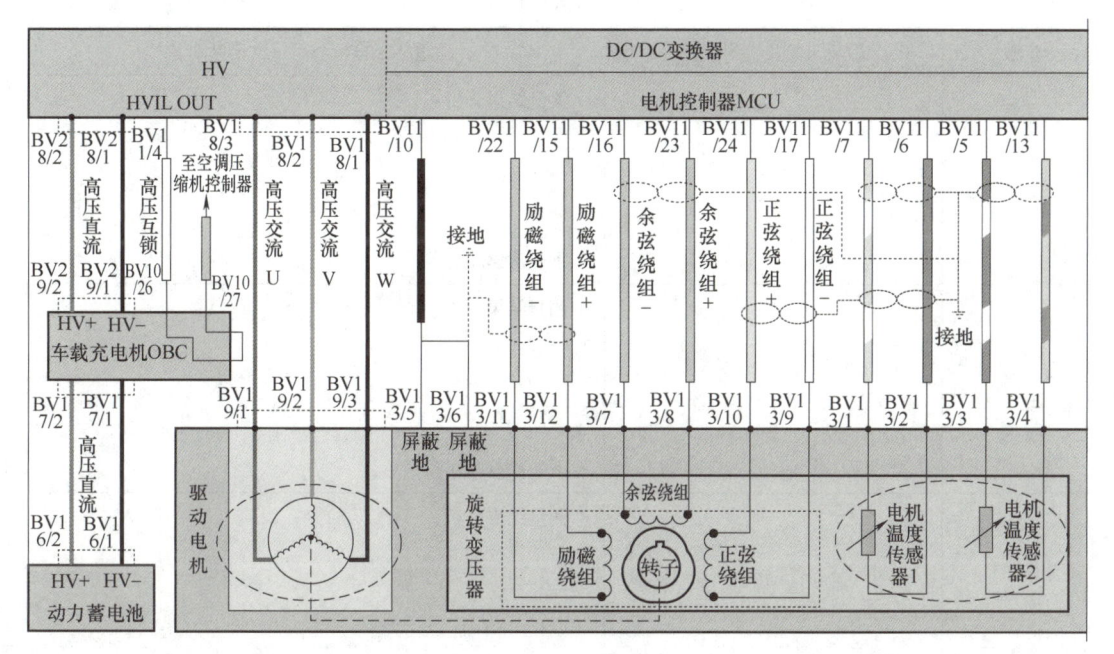

图 3-11 电路图

表 3-3 任务工单

测试环节（请在以下区域填写或勾选）		
填写车辆信息	VIN	
^	品牌	
车辆基本检查	辅助蓄电池电压：_____V	□正常　□异常
故障现象 初步判定		

41

（续）

故障诊断过程记录		
步骤	诊断对象及检测项目	测量结果分析与下一次诊断对象
		测量结果分析： 下一次诊断对象：
		测量结果分析： 下一次诊断对象：
		测量结果分析： 下一次诊断对象：
诊断结论	确认故障点	
^	绘制围绕故障点的电路简图	

项目三 电机驱动系统的故障诊断

【任务评价与考核】

任务名称	驱动电机转动异常的故障诊断与排除		
姓名		组别	
授课地点		学时	

学习态度（15分）			
序号	考核点	配分	得分
1	出勤	5	
2	课堂纪律	5	
3	6S管理	3	
4	劳动	2	

知识掌握（15分）			
序号	考核点	配分	得分
1	能够列出驱动电机转动异常的故障原因	5	
2	能够写出驱动电机转动异常故障排除的操作步骤	5	
3	能够画出驱动电机转动异常故障诊断流程图	5	

技能掌握（70分）			
序号	考核点	配分	得分
1	车辆信息与基本检查	20	
2	故障诊断过程	30	
3	故障诊断结论	20	
	总分	100	

【课后测评】

通过对本任务的学习，同学们能否尝试叙述本任务所涉及的知识点？

43

任务二　电机控制系统的故障诊断

【学习目标】

知识目标

1. 能够制订电机控制系统的故障诊断流程。
2. 能够根据故障诊断流程进行电机控制系统的故障诊断。

技能目标

1. 具有根据制订的诊断流程对电机控制系统进行故障诊断的能力。
2. 具有运用专用工具进行电机控制系统故障诊断的能力。

素养目标

1. 能够制订工作计划，独立完成工作学习任务。
2. 能够在工作过程中，与小组其他成员合作、交流并进行学习任务分工，具备团队合作和安全操作的意识。
3. 养成服从管理、规范作业的良好工作习惯。培养安全工作的习惯。

【任务导入】

一辆吉利帝豪 EV450 纯电动汽车，客户反映起动车辆后，车辆无法行驶，经技师小王上电查看发现 READY 指示灯没有点亮，蓄电池充电警告灯点亮，系统故障警告灯点亮，故障提醒警告灯点亮，EPB（电子驻车制动系统）故障警告灯点亮，ESC（电子稳定控制系统）故障警告灯点亮。你能帮助小王排除故障吗？

【任务准备】

安全防护：做好车辆安全防护与隔离（车内外三件套、车轮挡块、警示隔离带等）。
工具设备：数字万用表、绝缘防护用品、绝缘工具套装、常规工具套装。
实训车辆：吉利帝豪 EV450 纯电动汽车整车。
辅助工具及资料：常用故障诊断仪、吉利帝豪 EV450 维修手册。

【知识准备】

1. 电机控制器的主要功能

电机控制系统的组成如图 3-12 所示。

项目三 电机驱动系统的故障诊断

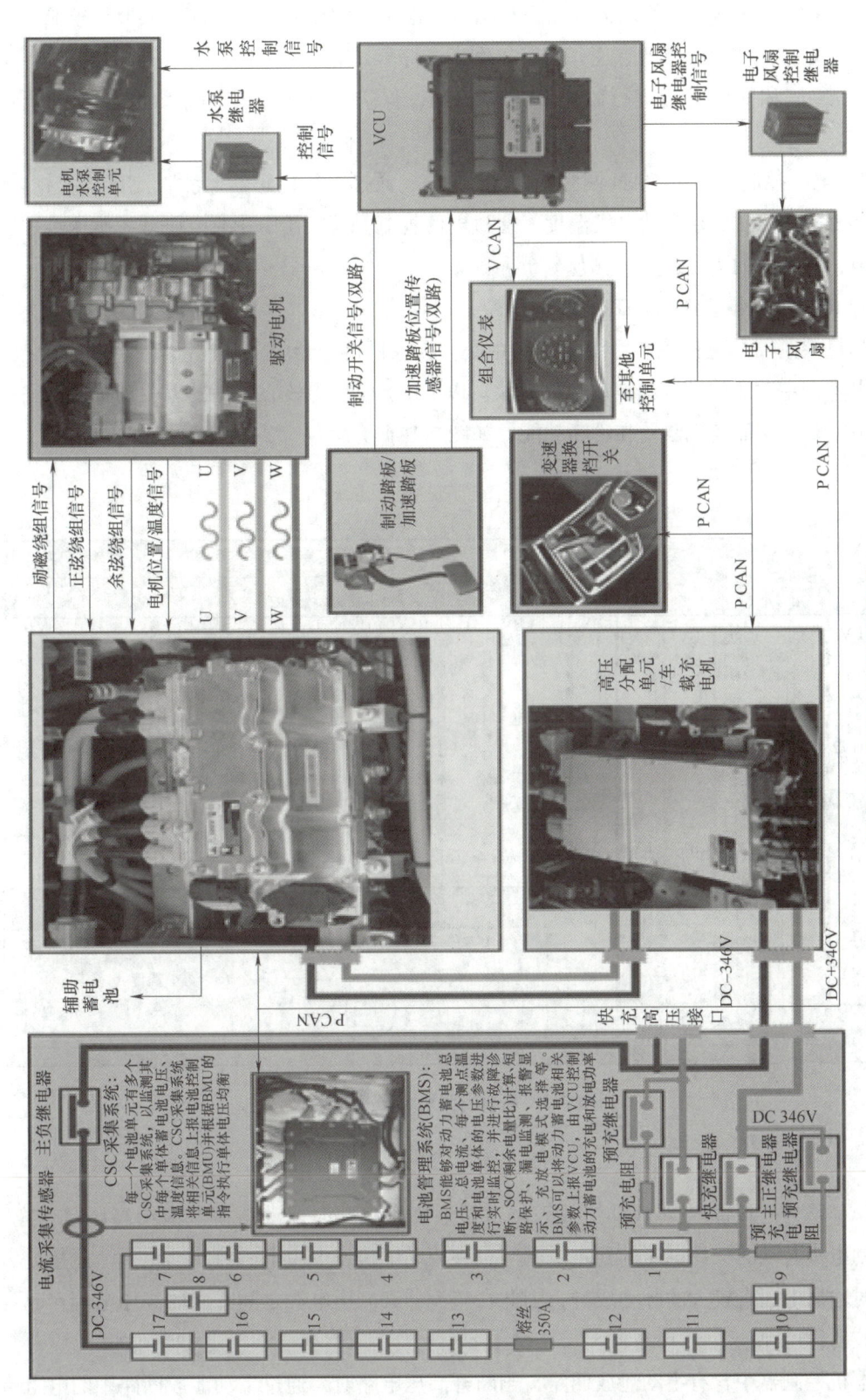

图 3-12 电机控制系统的组成

1）VCU 根据驾驶人的意图发出各种指令，电机控制器响应并回馈，实时调整驱动电机的输出转矩，以实现整车的怠速、前行、倒车、停车、能量回收以及驻坡等功能。

2）通信和保护实时进行状态和故障检测，保护驱动电机控制系统和整车安全可靠运行。

3）电机控制器通过 CAN 网络与 VCU 通信，通过电压传感器监测直流母线及相电流，并且能够采集 IGBT 和驱动电机温度，通过电路控制和反馈给 IGBT 模块，为旋变传感器励磁供电，对旋变的信号进行检测与分析。

2. 电机控制器的结构与工作原理

电机控制器是电机控制系统的控制中心。在电机控制器中，其内部集成有 IGBT 模块、高压电容、主动泄放模块和被动泄放模块。以 IGBT 模块为核心，辅助以驱动集成电路、主控集成电路，从而实现驱动和诊断功能，如图 3-13 所示。

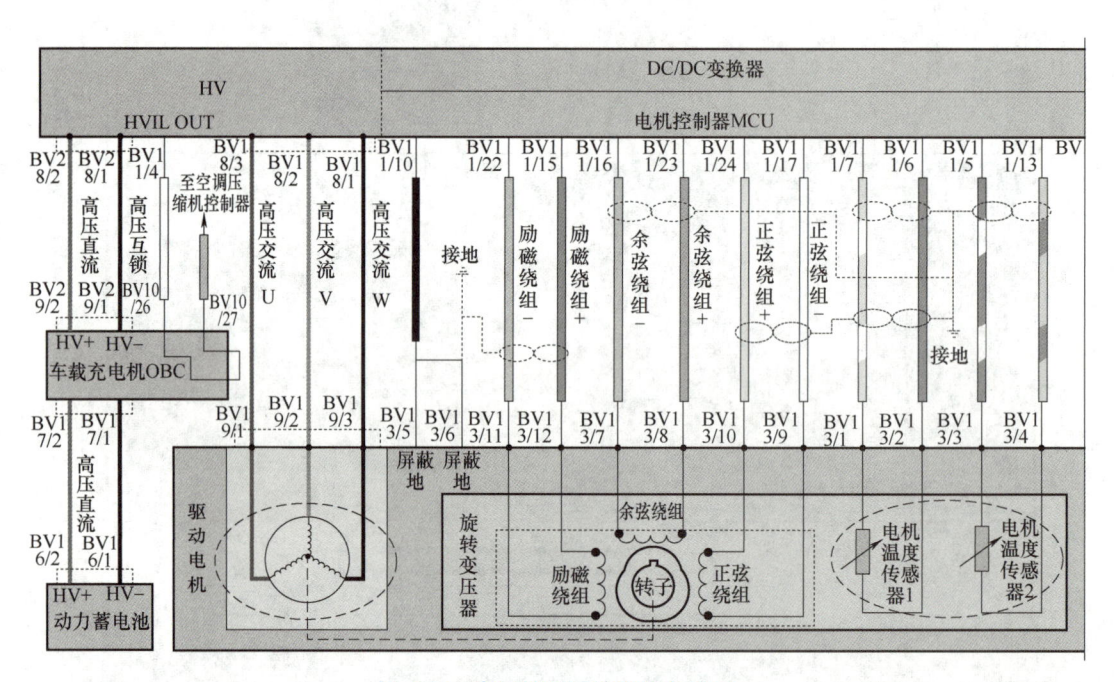

图 3-13 电机控制系统连接电路图

（1）高压电容和主、被动泄放模块　接通高压电路时，动力蓄电池给高压电容充电，在驱动电机起动时保持电压的稳定。同时，在驱动电机发电由电机控制器将交流电整流为直流电时输出电压有较大的脉动成分，因此在整流器和高压电源之间并联的高压电容，起到电容滤波的作用。

电机控制器中含有主动泄放回路，当断开高压电路时，通过主动泄放回路中的电阻给电容放电，放电电阻通常和电容器并联，当电源波动时，电容器会随之充放电，主动泄放回路会保持电压在一个正常范围。当检测到车辆发生较大碰撞、高压回路中某处接插件存在断开状态或含有高压的高压电控产品存在开盖情况时，主动放电回路会在 5s 内把预充电容电压降低到 60V 左右，迅速释放危险电能，最大限度地保证人员安全。主动泄放回路出现故障，可能会导致高压断电。

在含有主动泄放回路的同时，电机控制器、空调驱动控制器等内部含有高压的高压电控产品同时设计有被动泄放回路，可以通过驱动电机或其他感性负载，来实现能量消耗，以在 2min 内可以把预充电容电压降低到 60V 左右，以作为主动泄放失效的二重保护。当动力系统断电时，高压电容器内残留的高压以驱动电机绕组生热的形式而散失，从而降低了电压，在工作过程中，三相交流电流经定子绕组产生的磁场和转子（永久磁铁）的磁场方向相同，不产生驱动转矩。

（2）控制主板　控制主板主要包括控制芯片及外围电路、A/D 采样电路、IGBT 驱动和保护电路、位置检测电路等几部分。中央控制模块，通过对外接口，得到整车上其他部件的指令和状态信息。对内，把翻译过的指令传递给逆变器驱动电路，并检测控制效果。

（3）传感器　使用以下传感器用来提供驱动电机的工作信息。

1）电流传感器：其结构如图 3-14 所示，用以检测驱动电机工作的实际电流（包括母线电流、三相电流）。

2）电压传感器：用以检测供给电机控制器工作的实际电压（包括动力蓄电池电压、12V 辅助蓄电池电压）。

3）温度传感器：用以检测电机控制器的工作温度。

（4）功率变换器模块　功率变换器主电路采用三相全桥逆变电路，对驱动电机电流、电压进行控制，其功率开关器件一般采用 IGBT 模块，如图 3-15 所示。

（5）驱动控制模块　将中央控制模块的指令转换成对逆变器中可控硅的通断指令，并作为保护装置，具备过电压和过电流等故障的监测保护功能。

图 3-14　电流传感器　　　　　　　　图 3-15　IGBT 模块

电机控制器的工作原理：电机控制器主要依靠电流传感器、电压传感器、温度传感器、旋转变压器来进行驱动电机运行状态的监测，根据相应参数进行电压、电流的调整控制以及其他控制功能的完成。电流传感器用于检测驱动电机工作的实际电流，包括母线电流、三相交流电流；电压传感器用于检测供给电机控制器工作的实际电压，包括动力蓄电池电压、12V 蓄电池电压；温度传感器用于检测电机控制系统的工作温度，包括 IGBT 模块的温度。电机控制器上分为低压接口和高压接口。电机控制器集成 DC/DC 变换器功能将直流高压电变为低压电给辅助蓄电池充电。

【任务实施】

一、电机控制系统的故障分析

仪表上 READY 指示灯没有点亮，蓄电池充电警告灯点亮，系统故障警告灯点亮，故障提醒警告灯点亮，EPB 故障警告灯点亮，ESC 故障警告灯点亮，电机控制系统发生故障一般会出现几个故障指示灯点亮。根据故障指示灯初步可以判断为电机控制器及其熔丝、继电器、电路出现故障，电机控制系统出现故障，如果是电源或 PCAN 线故障，电机控制器无法与其他系统进行通信，电机控制系统无法进入读取故障码和数据流，如果不是电源或 PCAN 线故障，那么电机控制系统就可以进去读取故障码和数据流。

如图 3-16 所示，真空压力传感器检测真空罐里的压力，将信号传给 ESC，ESC 接收到真空压力传感器信号，控制电动真空泵工作，真空罐里压力是有一定范围的，小于范围的最小值时电动真空泵开始工作，大于范围的最大值时电动真空泵停止工作。电动真空泵出现故障时，真空压力传感器检测到错误的压力，将错误的信号传递给 ESC，ESC 认为电动真空泵出现故障，将信号传递给 BCM，BCM 再将信号传递给仪表，仪表会显示限制功率指示灯。

1. 故障原因分析

电机控制系统电源出现故障，无法正常工作，车辆无法上高压电以及正常行驶，电机控制系统的电源是由辅助蓄电池提供的，经过 EF32 熔丝、CA58 插接器、BV01 插接器、BV11 插接器最终到达电机控制系统。

电机控制器 PCAN 总线出现故障时，电机控制器可以正常工作，但是电机控制系统向外传递的所有信号都无法给到整车控制系统，这时整车控制系统就会认为电机控制系统出现故障，不允许全车上高压电，同时整车控制系统还要向 BCM 发送电机控制系统故障，BCM 会将故障显示在仪表上。

电机控制系统无法通信的故障主要发生在电机控制器、整车控制器等，如图 3-17 所示。

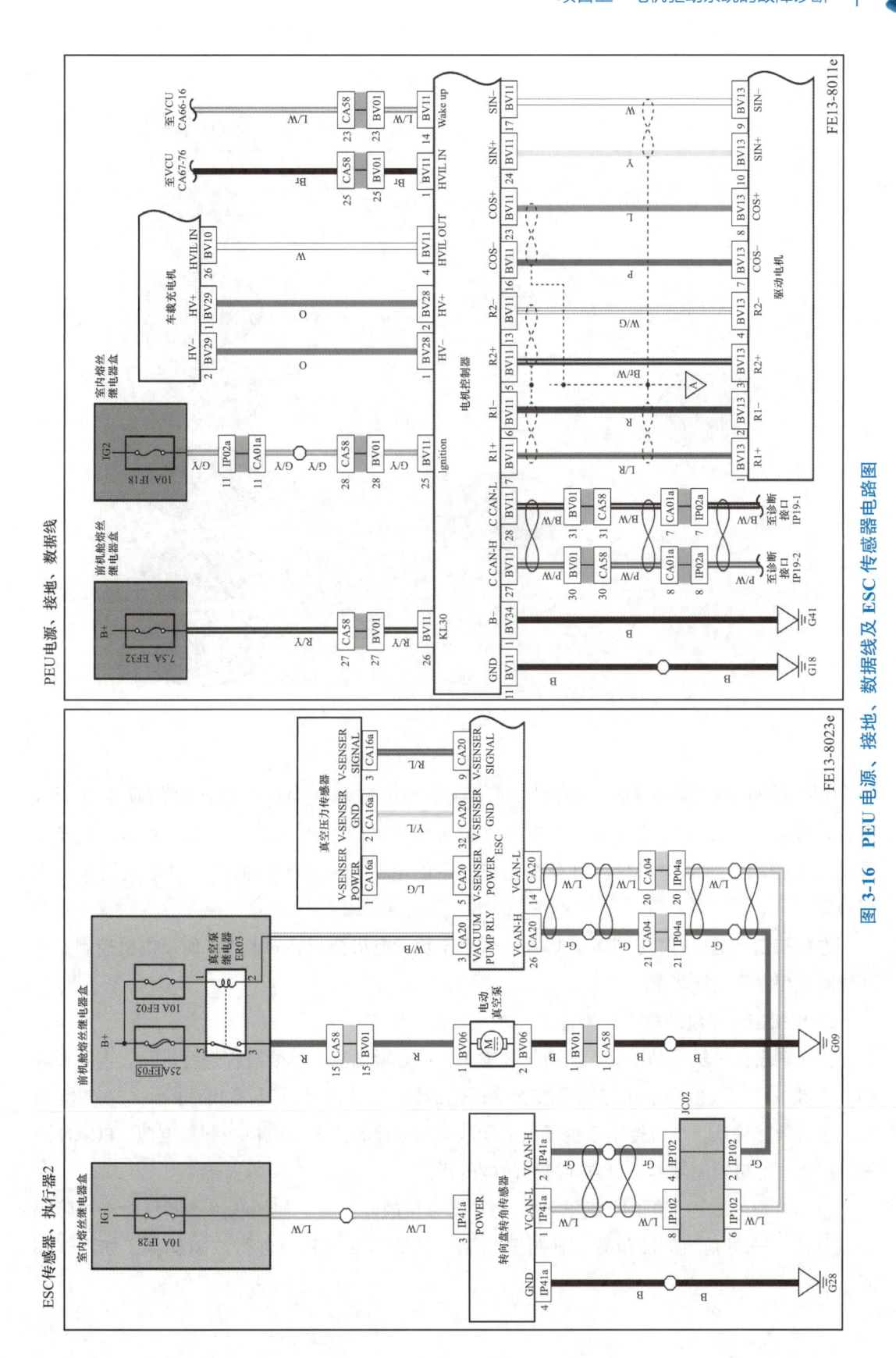

图 3-16 PEU 电源、接地、数据线及 ESC 传感器电路图

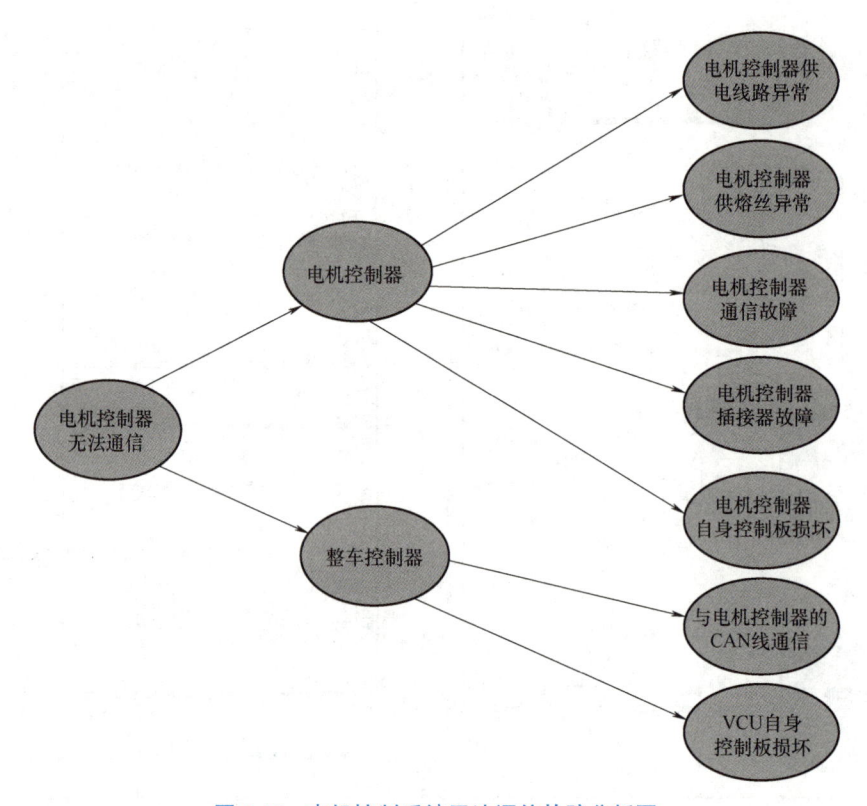

图 3-17 电机控制系统无法通信故障分析图

电机控制系统其他线束出现故障或多或少与电源和 PCAN 总线故障的现象有所区别，排除故障一定要由简易难，分析出是电机控制系统故障，那么首先要检测的故障应该是电机控制系统的电源线，汽车在工作时它的电路和原件不宜损坏，熔丝比较容易出现故障。

电机控制器上也有高压线束，因高压线束不负责电机控制器的工作，所以电机控制器出现故障不用考虑高压线束。

2. 电机控制系统故障诊断流程

当车辆发生电机控制系统无法通信故障时，一般遵循故障诊断流程进行排除。吉利帝豪 EV450 纯电动汽车发生电机控制系统无法通信故障时，故障是上电后出现的，与客户沟通后，进行故障确认，电机控制系统无法通信故障诊断流程应该从电机控制器电源、PCAN 总线、搭铁、电机控制器本身等方面进行故障分析。

根据客户的描述现场的故障再现，初步要分析故障位置，使用故障诊断仪检查故障码和数据流，分析判断故障位置，通过分析制订故障维修流程，进行故障检测，如图 3-18 所示。

项目三 电机驱动系统的故障诊断

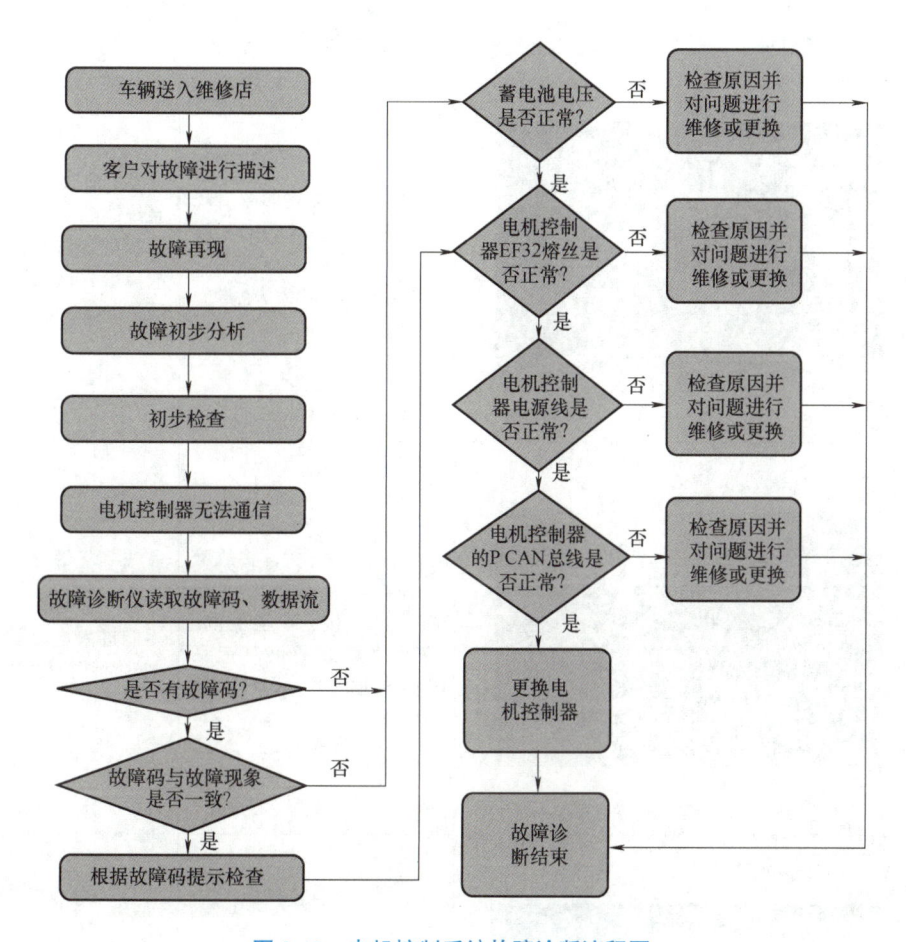

图 3-18 电机控制系统故障诊断流程图

二、电机控制系统的故障诊断

1. 故障现象描述

一辆吉利帝豪 EV450 纯电动汽车，客户反映起动车辆后，车辆无法行驶，经技师小王上电查看发现，READY 指示灯没有点亮、蓄电池充电警告灯点亮、系统故障警告灯点亮、故障提醒警告灯点亮、EPB 故障警告灯点亮、ESC 故障警告灯点亮。

2. 故障现象分析

故障现象分析已在前文中介绍。

3. 故障诊断过程

电机控制系统故障诊断过程见表 3-4，任务工单见表 3-5。

51

表 3-4　电机控制系统故障诊断过程

序号	操作示意图	操作方法	备注
1		根据客户描述的故障现象，检查组合仪表的故障提示，发现 READY 指示灯没有点亮，车辆无法行驶	蓄电池充电警告灯点亮、系统故障警告灯点亮、故障提醒警告灯点亮、EPB 故障警告灯点亮、ESC 故障警告灯点亮
2		关闭起动开关，将故障诊断仪与车辆 OBD-Ⅱ诊断接口连接。车辆上电，使用故障诊断仪对帝豪 EV450 进行故障码和数据流的读取	读取后发现故障诊断仪不能进入电机控制系统。电机控制系统无法进入
3		更换 VCU 进行读取故障码和数据流，读取故障码为 UO11087-与电机控制器通信丢失。数据流读取剩余电量为 0，动力蓄电池总电压为 0	通过仪表显示的信息和故障诊断仪所读取的信息，初步判断为电机控制系统可能出现故障，故障部位可能是电机控制系统的供电和通信，由简易难的故障诊断思路，可以先对电机控制系统供电进行检查

项目三 电机驱动系统的故障诊断

（续）

序号	操作示意图	操作方法	备注
4		查阅吉利帝豪EV450纯电动汽车电机控制系统电路图，确定故障范围电机控制系统自身及其相关电路、熔丝、继电器、插接器等	根据故障范围找到电机控制系统模块供电熔丝为EF32，供电电路为B+至BV11/26端子
5		断开辅助蓄电池负极，等待5min，进行基本检查，BV11插接器外观及连接情况检查，检查插接器外观及连接是否正常	—
6		检查EF32熔丝，目测熔丝熔断，再用数字钳形万用表检查	发现熔丝两侧端子电阻为∞，确定EF32熔丝熔断

53

（续）

序号	操作示意图	操作方法	备注
7		更换 7.5A 的 EF32 熔丝，测量 BV11/26 端子电压	测量值为当前辅助蓄电池电压
8		连接 BV11 插接器，连接辅助蓄电池负极。车辆上电，使用故障诊断仪对车辆进行故障码和数据流的读取	电机控制系统显示无故障码，确认故障已排除

4. 故障案例分析

由吉利帝豪 EV450 纯电动汽车电机控制系统电路图可以分析出，电机控制系统的供电是由 B+ 完成的，EF32 熔丝熔断时，电机控制系统没有供电成功，因此电机控制系统未能正常工作，电机控制系统所有的信息电机控制器未能收集到，信息不能通过 PCAN 总线传送给 VCU，因此仪表不能正确地获取电机控制系统信息。

三、实践技能

案例拓展

故障现象：踩制动踏板数次后并保持，打开一键起动开关后，组合仪表点亮正常，可运行 READY 指示灯无法正常点亮，蓄电池指示灯和整车系统故障指示灯点亮，此时右侧故障提醒警告灯、EPB 故障警告灯和减速器故障指示灯也点亮。此时档位无法切换到 D 位或 R 位。

可能的故障原因如下：

1）电机控制器电源电路断路、虚接、短路故障。
2）电机控制器的 PCAN 通信电路断路、虚接、短路故障。
3）电机控制器自身故障。

涉及故障电路图，如图 3-19 所示。

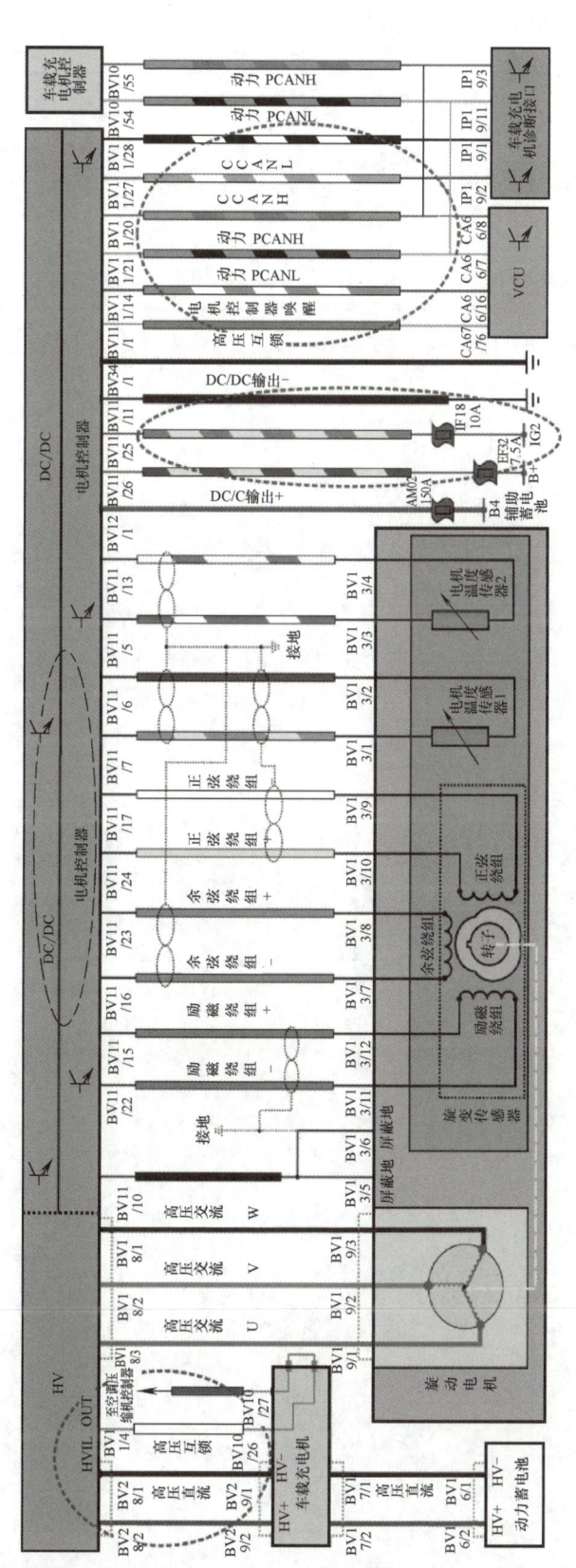

图 3-19 电路图

表 3-5 任务工单

测试环节（请在以下区域填写或勾选）			
填写车辆信息	VIN		
	品牌		
车辆基本检查	辅助蓄电池电压：_____V		□正常　□异常
故障现象初步判定			

（续）

故障诊断过程记录		
步骤	诊断对象及检测项目	测量结果分析与下一次诊断对象
		测量结果分析： 下一次诊断对象：
		测量结果分析： 下一次诊断对象：
		测量结果分析： 下一次诊断对象：
诊断结论	确认故障点	
	绘制围绕故障点的电路简图	

【任务评价与考核】

任务名称	电机控制系统的故障诊断		
姓名		组别	
授课地点		学时	
学习态度（15 分）			
序号	考核点	配分	得分
1	出勤	5	
2	课堂纪律	5	
3	6S 管理	3	
4	劳动	2	
知识掌握（15 分）			
序号	考核点	配分	得分
1	能够列出电机控制系统的故障	5	
2	能够写出电机控制系统故障诊断的操作步骤	5	
3	能够画出电机控制系统故障诊断流程图	5	
技能掌握（70 分）			
序号	考核点	配分	得分
1	车辆信息与基本检查	20	
2	故障诊断过程	30	
3	故障诊断结论	20	
总分		100	

【课后测评】

通过对本任务的学习，同学们能否尝试本任务所涉及的知识点？

项目四

充电系统的故障诊断

充电系统从功能上主要可分为快充、慢充。本项目主要学习充电系统的故障诊断,分为以下两个任务:

任务一　交流慢充系统的故障诊断

任务二　直流快充系统的故障诊断

通过两个任务的学习,学生能够描述出交流慢充、直流快充充电的类型及充电流程,描述出车辆交流、直流充电的连接过程,根据充电系统的故障现象分析故障原因,会运用专用工具进行充电系统的故障诊断。

任务一　交流慢充系统的故障诊断

【学习目标】

知识目标

1. 能够描述出交流充电的类型及充电流程。
2. 能够描述出车辆交流充电连接过程。

技能目标

1. 具有根据交流充电故障现象分析故障原因的能力。
2. 具有运用专用工具进行交流充电系统故障诊断的能力。

素养目标

1. 培养学生自主学习、分析问题、解决问题的能力。

2. 培养学生严谨规范、精益求精、自强不息、勇于担当的工匠精神。

【任务导入】

吉利帝豪 EV450 纯电动汽车，车辆行驶正常，快充正常，但对车辆进行慢充时，车辆无法充电，请在约定的时间内对车辆进行诊断与维修。

【任务准备】

安全防护：做好车辆安全防护与隔离（车内外三件套、车轮挡块、警示隔离带等）。
工具设备：数字万用表、绝缘防护用品、绝缘工具套装、常规工具套装。
实训车辆：吉利帝豪 EV450 纯电动汽车整车。
辅助工具及资料：BDS 故障诊断仪、吉利帝豪 EV450 维修手册 1 份。

【知识准备】

一、交流充电概述

交流充电是指整车直接用电网 220V 交流电通过车载充电机给动力蓄电池充电。新能源汽车配备了多种充电模式，用户可以根据不同环境选择最佳充电途径，保障用车便捷；慢充均为国标插口，能够兼容公共设施的快慢充电桩。

二、交流充电的条件

通过家用插头/交流充电桩接入交流充电接口，通过车载充电机将家用 220V 交流电转为直流高压电给动力蓄电池进行充电，如图 4-1 所示。

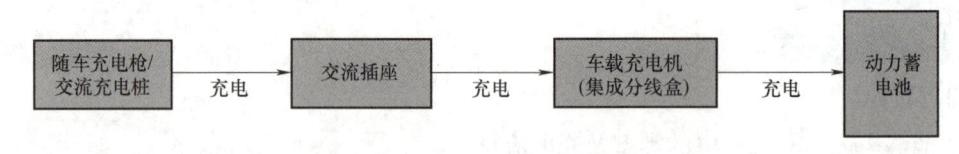

随车充电枪/交流充电桩 —充电→ 交流插座 —充电→ 车载充电机（集成分线盒） —充电→ 动力蓄电池

图 4-1 交流充电流程

当然，在向动力蓄电池进行充电时有一定的条件，如果有一项条件不满足，将无法向动力蓄电池进行充电。向动力蓄电池充电的基本条件如下：

1）车载充电机供电 AC 220V 电压和 DC 12V 电压正常，车载充电机工作正常。
2）充电唤醒信号 12V 输出正常。
3）车载充电机、VCU、BMS 之间通信正常，主继电器闭合、发送电流强度需求。

4）充电线连接确认信号正常。

5）单体蓄电池温度 >0℃且 <55℃（此处以比亚迪车型为例，不同车型单体蓄电池温度要求不同）。

6）动力蓄电池的单体蓄电池最高电压与最低电压压差 <300mV。

7）单体蓄电池最高温度与最低温度温差 <15℃。

8）绝缘性能 >500Ω/V。

9）高低压电路连接正常，远程控制开关关闭/预约充电功能关闭。

10）实际动力蓄电池单体最高电压比额定单体蓄电池电压小 400mV。

11）充电接口温度在规定范围内，车载充电机的温度在规定范围内，有些车辆要求驻车制动器必须拉起等。

三、交流充电过程

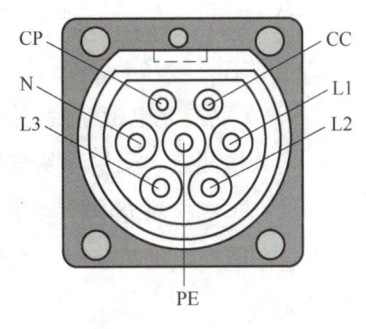

1. 交流充电接口

交流充电接口的结构如图 4-2 所示，当车辆处于交流充电模式下，ACM 检测交流充电接口的 CC、CP 信号（充电枪插入、导通信号）并唤醒 BMS，BMS 唤醒车载充电机并发送指令充电，同时闭合主继电器，动力蓄电池开始充电。充电时间：预估 13~14h 可充满。

2. 交流充电接口的电路及连接过程

交流充电接口的电路如图 4-3 所示。

图 4-2 交流充电接口的结构

CP—充电控制确认　N—交流充电输入
L1、L2、L3—交流充电输入
PE—接地点　CC—充电枪连接确认

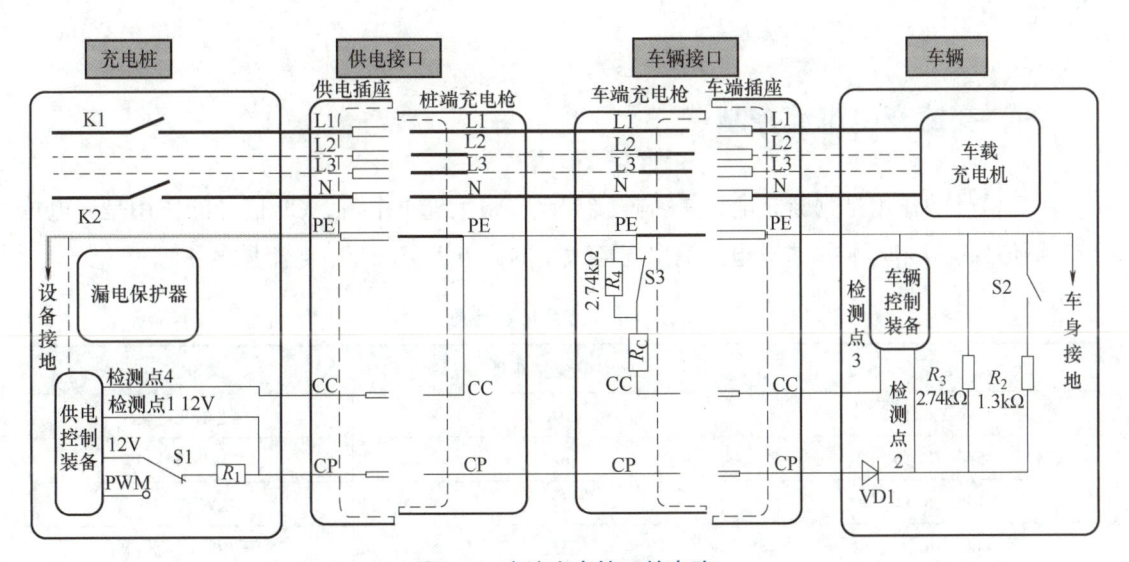

图 4-3 交流充电接口的电路

交流充电过程如下：

1）首先 PE 接触。

2）充电桩端 L、N 连接。

3）充电桩端 CC、CP 连接，检测点 4 与接地导通，桩端通过 CC 信号确认充电枪已连接。

4）充电桩端连接完毕，车辆端充电枪连接 PE 端子先接触，之后 L、N 端子接触。

5）充电桩端连接完毕，车辆端充电枪连接 CC、CP 端子接触，S3 开关处于断开状态。

6）充电桩端连接完毕，车辆端充电枪连接 CC、CP 端子接触，检测点 1 的电压由 12V 变为 9V，充电桩检测到充电枪已连接。

7）充电桩端连接完毕，车辆端充电枪连接 CC、CP 端子接触，检测点 1 的电压由 12V 变为 9V 后，充电桩检测到充电枪已连接，充电桩的 S1 开关切换到 12V PWM 波信号端，检测点 1 的信号由 9V 直流电压信号变为 9V PWM 波信号，表示充电设备进入准备就绪状态。

8）充电桩端连接完毕，车辆端充电枪连接 CC、CP 端子接触，检测点 3 会检测到与接地之间的电阻为 R_C+R_4 的阻值时，判断充电枪为半连接状态。

9）车辆端充电枪连接完毕，S3 开关（车端充电枪解锁按键弹起）闭合。

10）检测点 3 会检测到与接地之间的电阻为 R_C 的阻值时，判断充电枪为连接状态。

11）车辆检测充电枪为连接状态后，充电机会根据动力蓄电池的充电需求、动力蓄电池是否有不能充电的故障时，充电机无故障时，充电机会闭合 S2 继电器，表示车辆准备就绪，请求充电。

12）充电机会闭合 S2 继电器，充电桩端检测点 1 会从 9V PWM 波信号变为 6V PWM 波信号，充电桩检测到该信号确认车辆准备就绪，请求充电。

13）充电桩检测到该信号确认车辆准备就绪，请求充电后会闭合 K1、K2 继电器给车辆端供电。

四、交流充电电流控制

CC 信号的作用是判断充电枪是否连接和允许最大充电电流，CP 信号的作用是充电枪与车辆信息确认和车辆请求充电桩输出电流大小的调节。交流充电电流见表 4-1。

表 4-1 交流充电电流

电阻	对应的充电电缆允许充电电流	备注
1.4~1.6kΩ	10A	随车充电盒
580~780Ω	16A	3.3kW 充电桩
180~260Ω	32A	7kW 充电桩
60~140Ω	63A	三相交流充电桩
2kΩ	放电功能	放电功率 3.3kW

(续)

PWM	占空比 D 最大充电电流 I_{max}/A
$D<3\%$	不允许充电
$3\% \leq D \leq 7\%$	5% 的占空比表示需要数字通信，且需在充电
$7\%<D<8\%$	不允许充电
$8\% \leq D<10\%$	$I_{max}=6$
$10\% \leq D \leq 85\%$	$I_{max}=(100D) \times 0.6$
$85\%<D \leq 90\%$	$I_{max}=(D \times 100-64) \times 2.5$ 且 $I_{max} \leq 63$
$90\%<D \leq 97\%$	预留
$D>97\%$	—

【任务实施】

一、交流慢充故障分析

纯电动汽车交流无法充电故障以吉利帝豪 EV450 纯电动汽车为例：

1. 车辆动力蓄电池电量检查

车辆动力蓄电池电量显示如图 4-4 所示。

图 4-4 车辆动力蓄电池电量显示
a）电池电量充足 b）电池电量不足

2. 车辆慢充电功能检查

1）将车辆置于 P 位，启动电子驻车制动器，关闭起动开关。检查充电枪上锁止开关，按压和释放充电枪锁止开关时，开关应灵活无卡滞现象，如果开关有卡滞现象，则维修或更换充电设备，如图 4-5 所示。

2）连接充电设备上的 AC 220V 充电插头至 AC 220V 电源插座，同时观察充电设备上的指示灯状态。图 4-6 所示为充电设备上的充电指示灯。

如果 3 个指示灯全部不亮，则可能由于以下 1 项或多项故障：

① AC 220V 电源插座供电电源故障。

② 充电设备自身故障。

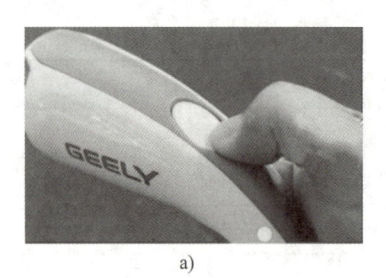

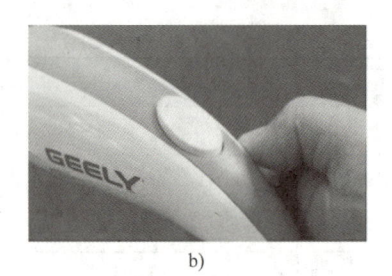

图 4-5　充电枪上锁止开关的检查

a）开关按下　b）开关释放

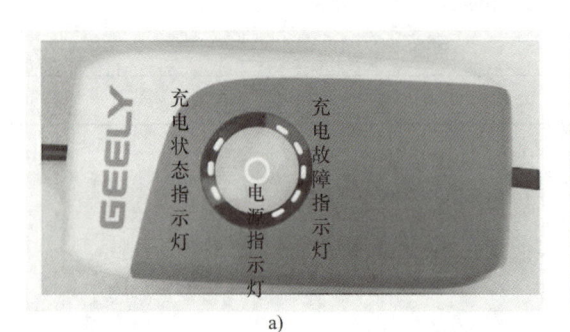

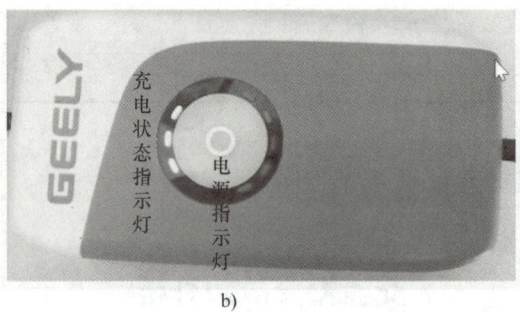

图 4-6　充电设备上的充电指示灯

如果只有个别指示灯不亮，而其他指示灯正常点亮，则可能由于以下一项或多项故障：

① 该指示灯自身故障。

② 该电源指示灯控制故障。

如果2s后蓝色电源指示灯和绿色充电状态指示灯正常点亮，红色充电设备故障指示灯也点亮，则可能由于以下一项或多项故障：

① 设备漏电保护故障。

② 过电流、过电压、欠电压保护故障。

③ 接地故障。

④ 电源故障。

3）按压充电枪口盖，打开充电接口盖，充电枪口白色照明指示灯应正常点亮。图4-7所示为充电枪口指示灯电路图。

如果不能正常点亮，则可能由于以下1项或多项故障：

① 充电接口开盖开关电路断路、虚接、短路及自身故障。

② 充电接口白色照明指示灯及电路故障。

③ 充电接口内部的充电接口状态指示灯控制模块自身（局部）故障。

4）连接充电枪至车辆侧慢充接口，释放充电枪锁止开关。在充电枪连接完成8s内应听到主正、主负继电器发出"咔嗒"的工作声，同时充电枪锁发出"咔嗒"的锁止声，车辆侧充电接口上绿色充电状态指示灯开始由亮到暗渐变循环。图4-8所示为交流充电电路图。

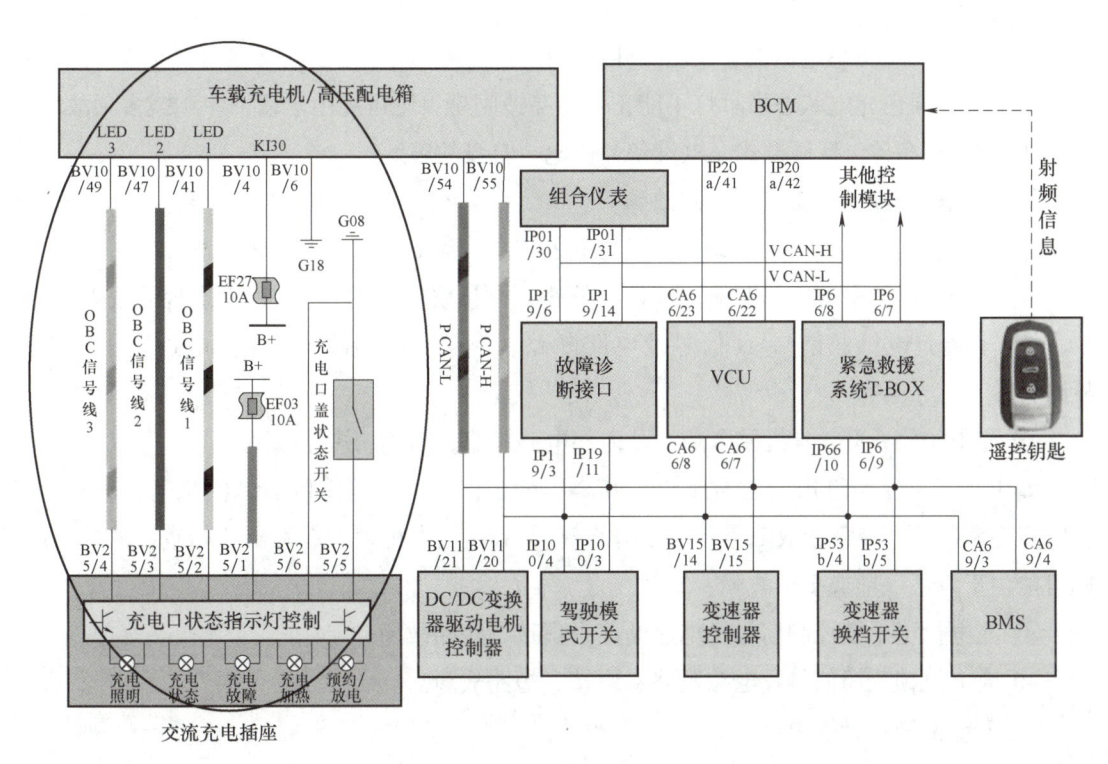

图 4-7 充电枪口指示灯电路图

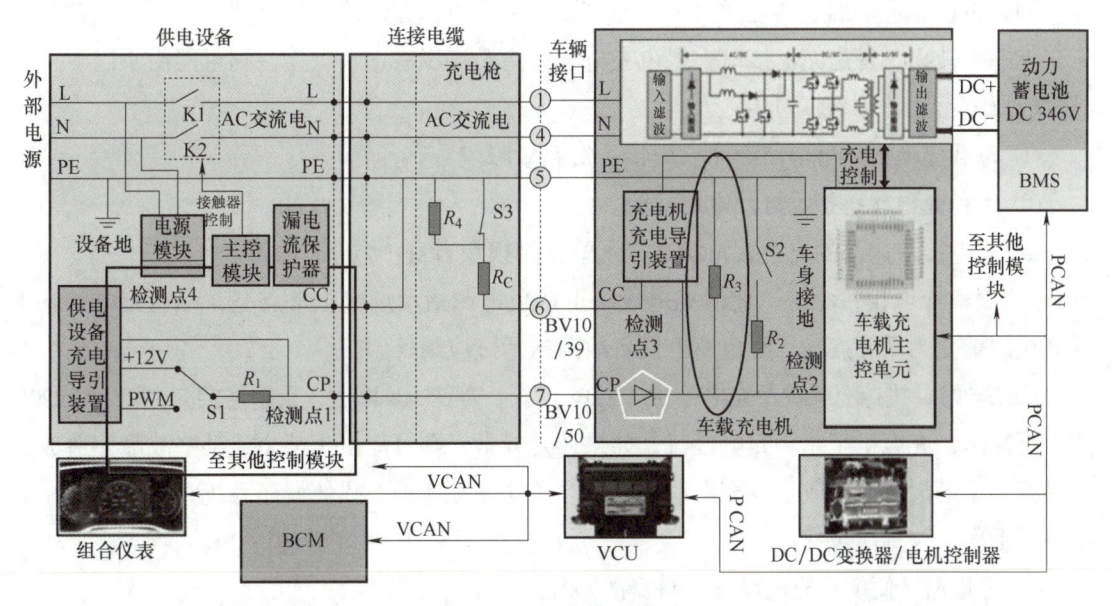

图 4-8 交流充电电路图

如果连接充电枪至车辆侧慢充接口，释放充电枪锁止开关，没有听到主正、主负继电器发出"咔嗒"的工作声，同时充电枪锁没有发出"咔嗒"的锁止声，车辆侧充电接口上绿色充电状态指示灯没有点亮，而红色故障灯点亮，同时车辆不能充电，则可能由于充电系统存在故障。

65

如果主正、主负继电器没有发出"咔嗒"的工作声，充电枪锁没有发出"咔嗒"的锁止声，充电接口绿色充电状态指示灯不能正常点亮或闪烁，则可能由于以下一项或多项故障：

① 供电设备（包括便携式充电设备）供电、自身故障。

② 充电电缆断路、虚接、短路故障。

③ 车辆端的充电接口到车载充电机之间的连接线束断路、虚接、短路故障。

④ 车载充电机电源电路断路、虚接、短路、自身故障（在充电过程中出现的故障）。

⑤ 车载充电机通信 CAN 信号及电路断路、虚接、短路故障（在充电过程中出现的故障）。

⑥ 充电枪锁止开关（机械卡滞）及内部电路断路、虚接、短路故障。

如果主正、主负继电器正常发出"咔嗒"的工作声，充电接口上绿色充电状态指示灯正常点亮和闪烁（红色的故障指示灯没有点亮），只是充电枪锁没有发出"咔嗒"的锁止声，则可能由于以下一项或多项故障：

① 充电枪电子锁控制信号及电路断路、虚接、短路故障。

② 充电枪锁反馈信号及电路断路、虚接、短路故障。

③ 充电枪锁自身故障。

④ 车载充电机内部锁控制故障。

如果主正、主负继电器正常发出"咔嗒"的工作声，充电枪锁发出"咔嗒"的正常锁止声，充电枪锁止，只是充电接口上绿色充电状态指示灯没有正常点亮，则可能由于以下一项或多项故障：

① 车载充电机信号电路断路、虚接、短路故障。

② 绿色充电状态指示灯及电路故障。

③ 充电接口内部的充电接口状态指示灯控制模块自身（局部）故障。

5）观察充电设备状态，此时充电设备上蓝色电源指示灯应正常点亮，绿色充电状态指示灯从闪烁变为循环点亮，红色充电设备故障指示灯应熄灭。

如果异常，拔掉充电枪及充电枪 AC 220V 插头，等待 10s 以上，重新连接充电枪 AC 220V 插头至插座、充电枪至车辆充电接口，如果还是异常，则可能由于某个或某些故障，造成充电设备和车辆没有连接成功或充电系统故障导致功能性保护，致使慢充系统无法启动，充电设备显示异常，具体包括：

① 充电桩（便携式充电设备）自身故障。

② 充电电缆断路、虚接或短路故障。

③ 车载充电机电源及电路断路、虚接、短路或自身故障。

④ 充电枪锁止开关（机械卡滞）及内部电路断路、虚接、短路故障。

⑤ 车载充电机通信 CAN 信号及电路断路、虚接或短路故障（在充电过程中出现的故障）。

⑥ 交流插座温度传感器信号及电路断路、虚接、短路故障。

⑦ 电机控制器唤醒信号及电路断路、虚接、短路故障。

⑧ 车载充电机输出电路故障。

6）观察仪表显示状态，仪表上红色充电连接指示灯、黄色充电指示灯应正常点亮，同时仪表中部出现电池图标，动态显示当前电池电量，仪表中下部显示充电电流及充电所需时间，如图4-9所示。

图4-9 仪表充电状态

如果仪表上无任何信息显示，说明连接充电枪后充电系统没有被激活，车载充电机对外没有信息发送，导致仪表没有接收到充电系统启动信息，所以无任何信息显示，可能由于以下1项或多项故障：

① 车载充电机通信CAN信号及电路断路、虚接或短路故障（在充电过程中出现的故障）。

② 充电连接及控制CC信号及电路断路、虚接、短路故障（在充电过程中出现的故障）。

③ 充电枪锁止开关（机械卡滞）及内部电路断路、虚接、短路故障。

如果仪表仅显示红色充电连接指示灯正常点亮，说明连接充电枪后充电系统（车载充电机）被激活，对外发送车辆准备进入充电模式，但是由于系统检测存在故障，导致充电功能没有启动。

如果出现以上现象，则可能由于以下1项或多项故障：

① 充电桩（便携式充电设备）内部电路故障。

② 充电连接及控制CP信号及电路断路、虚接、短路故障。

③ 交流插座温度传感器信号及电路断路、虚接、短路故障。

④ 电机控制器唤醒信号及电路断路、虚接、短路故障。

⑤ 车载充电机输出电路故障。

⑥ 高压互锁电路断路、虚接、短路、插接件故障。

⑦ 车载充电机通信CAN信号及电路断路、虚接、短路故障（在充电过程中出现的故障）。

⑧ 车载充电机电源及电源电路断路、虚接、短路故障（在充电过程中出现的故障）。

7）如果充电一段时间后充电枪口上红色故障指示灯点亮，同时车辆不能充电，则可能由于以下1项或多项故障：

① 交流插座温度传感器信号及电路断路、虚接、短路故障。

② 高压互锁电路断路、虚接、短路、插接件故障。

③ 车载充电机电源及电源电路断路、虚接、短路故障（在充电过程中出现的故障）。

④ PCAN通信信号及电路断路、虚接、短路故障（在充电过程中出现的故障）。

⑤ 其他模块出现控制故障，导致充电功能性保护。

如果出现以上现象，可以先将充电枪从车辆充电接口上移除，然后踩下制动踏板，打开起动开关，检查车辆是否可以正常上电行驶，如果不能上电或行驶，则可能由于以上一项或多项造成充电过程异常。

二、交流慢充故障诊断

1. 故障现象描述

吉利帝豪 EV450 纯电动汽车，车辆行驶正常，快充正常，但对车辆进行慢充时，车辆无法充电。

连接充电设备至外部交流插座，按压充电枪锁止开关，连接至车辆慢充接口，释放充电枪锁止开关，充电设备电源指示灯正常，此时充电枪锁无动作，充电枪无法锁止。观察仪表上充电指示灯、充电连接指示灯均不亮。

打开起动开关，动力蓄电池 SOC 显示条不闪动，同时充电器上充电状态指示灯闪烁，显示"未连接"信息，车辆无法充电。

车辆行驶正常，仪表板未提示相关故障信息。

2. 故障现象分析

1）充电连接电缆中的 CC 信号电路（断路、虚接、短路）故障。
2）充电枪锁止开关（机械卡滞）故障。
3）车载充电机及其到车辆接口之间电路故障。

3. 故障诊断过程

为了进一步确认及缩小故障部位，连接诊断仪器后，未读到相关故障码。具体故障诊断过程见表 4-2，并填写任务工单，见表 4-3。

表 4-2　交流慢充系统故障诊断过程

序号	操作示意图	操作方法	实测值	原因分析
1		检查充电枪端子 CC，拔下交流充电枪，用万用表测量 CC 端子对地电压	测得电压为 12V，正常	—

(续)

序号	操作示意图	操作方法	实测值	原因分析
2		检查充电枪CC端子与PE接地端子之间电阻	测得电阻为3.3kΩ，按下锁止按钮仍然是3.3kΩ	正常情况下按下锁止按钮电阻应变大，因为锁止按钮在电路原理中是S3开关，正常是常闭，按下按钮打开，CC端子由于串联电阻电压变化，产生充电枪连接信号，因此判断充电枪内部损坏
3		分解充电枪进行检查	发现锁止开关由于长时间按压导致无法复位	—
4		更换充电枪，并重新测量CC端子与PE接地端子之间电阻	电阻接近1.5kΩ，按下锁止按钮后电阻接近3.2kΩ，数值正常	—
5		充电枪重新插入充电接口，进行交流充电	仪表显示充电信息，正常显示充电连接符号	交流慢充正常，故障排除

表 4-3　任务工单

测试环节（请在以下区域填写或勾选）			
填写车辆信息	VIN			
^	品牌			
车辆基本检查	辅助蓄电池电压：_____V □ 正常　□ 异常			
故障现象初步判定				
故障诊断过程记录			
步骤	诊断对象及检测项目	测量结果分析与下一次诊断对象	
		测量结果分析： 下一次诊断对象：	
		测量结果分析： 下一次诊断对象：	
		测量结果分析： 下一次诊断对象：	

(续)

测试环节（请在以下区域填写或勾选）	
诊断结论	确认故障点
	绘制围绕故障点的电路简图

【任务评价与考核】

任务名称	交流慢充系统的故障诊断			
姓名			组别	
授课地点			学时	
学习态度（15分）				
序号	考核点		配分	得分
1	出勤		5	
2	课堂纪律		5	
3	6S 管理		3	
4	劳动		2	

71

(续)

知识掌握（15分）				
序号	考核点		配分	得分
1	能够描述出交流充电的类型及充电流程		5	
2	能够描述出车辆交流充电的连接过程		5	
3	能够根据交流慢充系统的故障现象分析故障原因		5	
技能掌握（70分）				
序号	考核点		配分	得分
1	车辆信息与基本检查		20	
2	故障诊断过程		30	
3	故障诊断结论		20	
总分			100	

【课后测评】

通过对本任务的学习，同学们有什么心得体会呢？在诊断过程中需要注意哪些事项呢？

【知识链接】

交流充电桩接入配电网典型方式和能效链模型

1. 配电网典型方式

电动汽车交流充电桩接入配电网典型方式如图4-10所示。图4-10中a）区域表示，交流充电桩可分散分布于居民区、商业区的公共停车场，在允许接入的条件下，就近接入附近的0.4kV电网获取工作电源。图4-10中b）区域表示，作为交流充电桩集中分布的大型停车场，电动汽车充电站分为专用变压器和专线接入，专用变压器接入将上级电源降压10kV后直接向充电站提供电能，专线接入则通过10kV电路将充电站接入电网。充电站站内再配置配电变压器，向充电机提供工作电源。

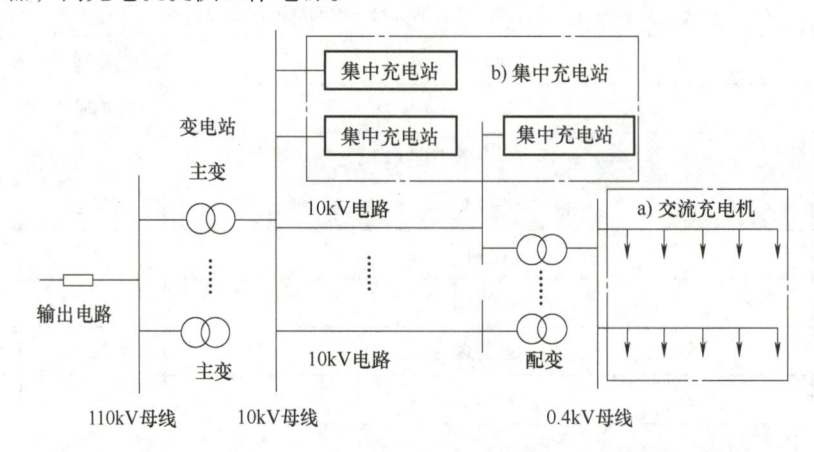

图4-10 电动汽车交流充电桩（常规慢充）接入配电网典型方式

2. 能效链模型

在常规慢充充电方式下，纯电动汽车经交流充电桩将电网电能储存于动力蓄电池中，在车辆行驶时，动力蓄电池输出电能经由驱动电机驱动车辆运行，实现能量电能、化学能和动能的转换。

在能量由电网电能经交流充电桩转换为动力蓄电池化学能的过程中，能量损失主要包括：

1）电网电能经配电电路传输的电路损耗。

2）电网电能经配电变压器传输的变压器损耗。

3）电网电能经交流充电桩对电动汽车动力蓄电池充电的损耗。

通过以上分析，可以建立接入交流充电桩的电动汽车能量效率链模型，如图 4-11 所示。

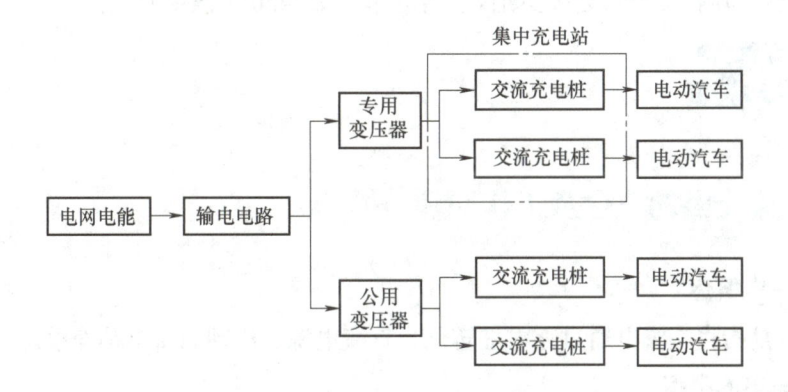

图 4-11　电动汽车常规慢充方式能效链模型

任务二　直流快充系统的故障诊断

【学习目标】

知识目标

1. 能够描述出直流充电的类型及充电流程。
2. 能够描述出车辆直流充电连接过程。

技能目标

1. 具有根据直流充电故障现象分析故障原因的能力。
2. 具有运用专用工具进行直流充电系统故障诊断的能力。

素养目标

培养学生自主学习、分析问题和解决问题的能力。

【任务导入】

小李的吉利帝豪 EV450 纯电动汽车偶发性出现无法使用直流充电桩充电，但可以使用交流充电桩充电的情况，请你为该车进行诊断和维修。

【任务准备】

安全防护：做好车辆安全防护与隔离（车内外三件套、车轮挡块、警示隔离带等）。

工具设备：数字万用表、绝缘防护用品、绝缘工具套装、常规工具套装。

实训车辆：吉利帝豪 EV450 纯电动汽车整车。

辅助工具及资料：BDS 故障诊断仪、吉利帝豪 EV450 维修手册 1 份。

【知识准备】

一、直流充电的概念及工作原理

1. 直流充电概述

直流充电是指将交流电通过充电桩转化为直流电源，给动力蓄电池充电。

2. 直流充电的类型

车辆配备了多种充电模式，用户可以根据不同环境选择最佳充电途径，保障用车便捷；快充均为国标插口，能够兼容公共设施的直流充电桩。表 4-4 所示为直流充电的类型。

表 4-4 直流充电的类型

充电类型	充电设备	充电时间 /h	充电功率 /kW	电压要求 /V	备注
快充盒	壁挂式直流充电桩	5	10	380	
充电站快充	充电站直流充电桩	0.9~5	10~120	380	

3. 直流充电的条件

通过用直流充电桩，充电枪接入充电接口，通过直流充电桩将交流电转为直流高压电给动力蓄电池进行充电，如图 4-12 所示。

图 4-12 直流充电流程

当然，在向动力蓄电池进行直流充电时有一定的条件，如果有一项条件不满足，将无法向动力蓄电池进行充电。向动力蓄电池直流充电的基本条件如下：

1）充电线连接确认信号正常。

2）BMS 供电电源正常（12V）。

3）充电唤醒信号输出正常（12V）。

4）充电桩、VCU、BMS 之间通信正常（主继电器闭合、发送电流强度需求）。

5）单体蓄电池温度 >5℃且 <45℃。

6）单体蓄电池最高电压与最低电压压差 <300mV。

7）单体蓄电池最高温度与最低温度温差 <15℃。

8）绝缘性能 >20MΩ/V。

9）实际单体蓄电池最高电压比额定动力蓄电池单体蓄电池电压小 400mV。

10）高、低压电路连接正常。

4. 直流充电接口的认知

直流充电接口示意图如图 4-13 所示。

当直流充电设备接口连接到整车直流充电接口，直流充电设备发送充电唤醒信号给 BMS，BMS 根据动力蓄电池的可充电功率，向直流充电设备发送充电电流指令。同时，BMS 吸合系统主正继电器和主负继电器，动力蓄电池开始充电。

5. 直流充电接口电路及充电过程

直流充电接口电路图如图 4-14 所示。

CC1：充电桩确认充电枪是否插好（充电接口端有 1kΩ 电阻）。

CC2：电动汽车确认充电枪是否插好（充电枪端有 1kΩ 电阻）。

CC2	充电控制确认	S+	通信线	DC-	直流高压输入负极
A-	充电唤醒负极	PE	接地点	A+	充电唤醒正极
DC+	直流高压输入正极	S-	通信线	CC1	充电连接确认

图 4-13　直流充电接口示意图

直流充电过程如下：

1）充电插头与车辆插座插合，使车辆处于不可行驶状态。车辆插座、插头插合后，控制不能上高压电。

2）充电桩、车辆接口完全连接确认。非车载充电机控制装置通过检测 CC1 电阻值引起的电压变化判断车辆插头和车辆插座是否已完全连接。当检测点 1 的电压值为 4V 时，则判断车辆接口完全连接。并将充电枪中的电子锁进行锁定，以防止枪头脱落。

3）BMS 车辆接口完全连接确认及非车载充电机自检。充电桩检测车辆接口完全连接后，闭合 K3 和 K4，使低压辅助回路导通，充电机启动握手报文，A+、A- 唤醒电源给 BMS 供电，通过检测 CC2 电阻值引起电压变化判断车辆插座与充电枪是否已完全连接，若电压值为 6V，则 BMS 开始周期发送通信握手报文，充电桩闭合 K1 和 K2 进行绝缘检测，绝缘检测完成后，断开 K1 和 K2。

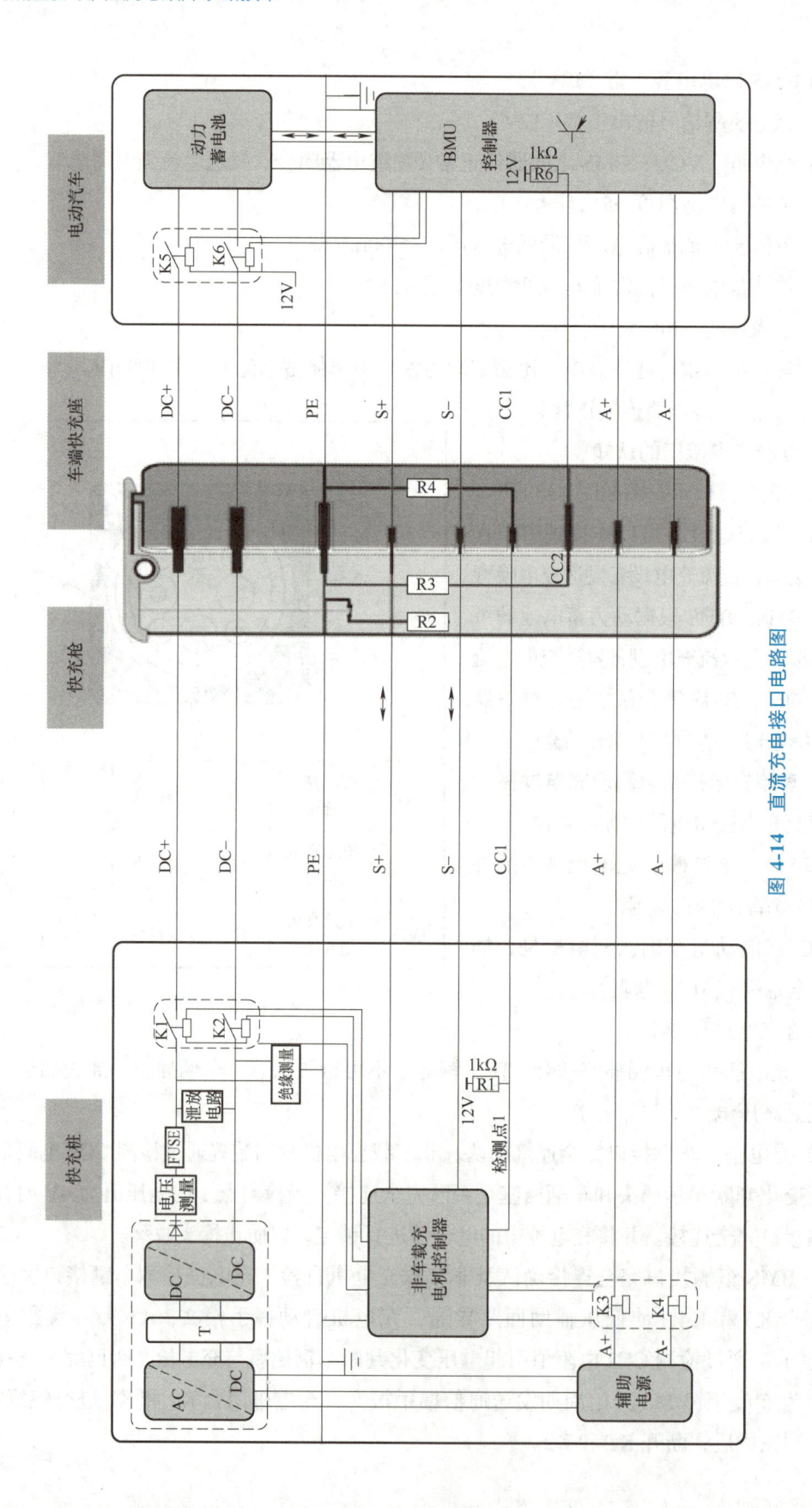

图 4-14 直流充电接口电路图

4）充电准备就绪。BMS 和直流充电桩通信辨识后，BMS 闭合 K5、K6，使充电回路导通，并进行绝缘检测，直流充电桩判断动力蓄电池电压是否正常后闭合 K1、K2，使直流供电回路导通。

5）充电阶段。在充电阶段，BMS 向直流充电桩实时发送动力蓄电池充电需求参数。直流充电桩根据动力蓄电池充电需求参数实时调整充电电压和充电电流。此外，BMS 和直流充电桩相互发送各自的状态信息。

6）充电结束。BMS 根据蓄电池系统是否达到满充状态或者是否收到"充电机中止充电报文"来判断是否结束充电。在确认充电电流小于 5A 后，断开 K5、K6。当达到操作人员设定充电结束条件或收到"BMS 中止充电报文"后，直流充电桩周期性发送"充电机中止充电报文"，在确认充电电流变成小于 5A 后断开 K1、K2，并在此投入泄放回路，然后断开 K3、K4。

二、直流充电常见故障

1. 常见故障

1）快充桩与车辆无法通信的主要原因有唤醒电路损坏，搭铁点搭铁不良，快充枪、快充接口、快充线束、低压电器盒、VCU、动力蓄电池低压控制插件等部件的低压辅助电源、连接确认线、快充 CAN 等损坏、退针、烧蚀、锈蚀，动力蓄电池和数据采集终端快充 CAN 总线间的电阻不符合。

2）快充桩与车辆通信正常，无充电电流的主要原因有高压控制盒快充继电器电路熔丝损坏，主熔丝损坏，低压电器盒损坏，高压控制盒损坏，快充线束损坏，整车控制系统快充唤醒失常。

2. 车辆端直流充电接口的检查方法

第一步：将起动开关置于"ON"位，使用万用表直流电压档测量，两只表笔分别连接 CC2 与 PE。正常情况下应显示电压，所显示的电压有两种状态：一种是 DC 5V；另一种是 DC 12V。

第二步：测量充电接口 CC1 与 PE 之间的电阻值，正常值应为（1000±30）Ω。

第三步：将起动开关置于"ON"位，万用表调整至直流电压档，一只表笔连接 S−；另一支表笔连接 PE，正常情况下电压为 2.5V 左右。

第四步：将起动开关置于"ON"位，万用表调整至直流电压档，一只表笔连接 S+；另一支表笔连接 PE，正常情况下电压为 2.5V 左右。

【任务实施】

一、直流快充故障诊断思路

1. 检查快充桩与快充接口连接是否良好

检查车辆快充接口各连接端子有无损坏；检查快充接口和快充枪有无烧蚀和锈蚀现象，检查快充接口 PE 与车身搭铁是否导通；检查快充接口 CC1 与 PE 之间的阻值是否符合要求，阻值应为（1000±50）Ω。

2. 检测充电唤醒信号是否正常

未唤醒，可能是唤醒电路故障、快充接口及快充线束损坏、整车控制系统快充唤醒失常。

3. 检查车辆端连接确认信号是否正常

如快充唤醒信号及相关线束都正常，车辆仍然不能通信连接，则对车辆端连接确认信号进行检测。可能是快充接口及快充线束损坏、VCU 端子损坏、动力蓄电池低压控制插件损坏，应逐步检查 CC2 快充接口与 CC2 快充线束；检查快充接口 S- 与快充线束整车低压线束插件 S- 是否导通；检查快充接口 S+ 与快充线束整车低压线束插件 S+ 是否导通；如不导通，则更换或维修；断开快充线束与数据终端和动力蓄电池低压插件，检查快充线束整车低压线束插件 S+ 与 S- 之间的阻值应为无穷大，分别检查动力蓄电池和数据采集终端快充 CAN 总线间的电阻，应该都为 120Ω，如不是，则更换或维修；检查快充线束整车低压线束插件 A- 与车身搭铁是否导通，如不导通，则更换或维修。

二、直流快充故障诊断

1. 故障现象描述

小李的吉利帝豪 EV450 出现偶发无法使用直流充电桩充电，但可以使用交流充电桩充电的情况，请你为该车进行诊断和维修。

车辆插上直流充电枪，仪表黑屏，无任何信息。

2. 故障现象分析

1）充电枪故障，充电接口 CC1 电阻值异常，充电桩内部低压电源模块故障，BMS 无唤醒电源信号，BMS 故障。

2）如果 BMS 电源异常，BMS 无法完成直流充电控制。

3. 故障诊断过程

为了进一步确认及缩小故障部位，连接诊断仪器后，未读到相关故障码。具体故障诊断过程见表 4-5，任务工单见表 4-6。

表 4-5 直流快充系统故障诊断过程

序号	操作示意图	操作方法	实测值	原因分析
1		检查直流充电接口至BMS之间的通信电路 S+、S−	正常	车辆插上直流充电枪，仪表黑屏，无任何信息，说明BMS没有检测到充电枪的信号
2		检查充电枪CC1端子与PE接地端子之间电阻	测得电阻为1kΩ，正常	—
3		使用万用表电压档（12V）测量BMS模块的供电端CA69/1端子电压	测得的电压值为0V	
4		使用万用表电压档（12V）测量BMS模块的供电熔丝：EF01	测得熔丝两端电压为11.87V	—
5		使用万用表蜂鸣档测量熔丝EF01到BMS模块之间的供电线	蜂鸣器不响	电路断路
6	—	维修电路	—	充电枪重新插入充电接口，进行直流充电，直流快充正常，故障排除

表 4-6　任务工单

测试环节（请在以下区域填写或勾选）			
填写车辆信息	VIN		
^	品牌		
车辆基本检查	辅助蓄电池电压：_____V □ 正常　　□ 异常		
故障现象 初步判定			
故障诊断过程记录			
步骤	诊断对象及检测项目	测量结果分析与下一次诊断对象	
		测量结果分析： 下一次诊断对象：	
		测量结果分析： 下一次诊断对象：	
		测量结果分析： 下一次诊断对象：	

（续）

测试环节（请在以下区域填写或勾选）	
诊断结论	确认故障点
	绘制围绕故障点的电路简图

【任务评价与考核】

任务名称	直流快充系统的故障诊断			
姓名		组别		
授课地点		学时		
学习态度（15分）				
序号	考核点		配分	得分
1	出勤		5	
2	课堂纪律		5	
3	6S 管理		3	
4	劳动		2	
知识掌握（15分）				
序号	考核点		配分	得分
1	能够描述出直流充电的类型及充电流程		5	
2	能够描述出车辆直流充电过程		5	
3	能够根据直流快充系统的故障现象分析故障原因		5	
技能掌握（70分）				
序号	考核点		配分	得分
1	车辆信息与基本检查		20	
2	故障诊断过程		30	
3	故障诊断结论		20	
	总分		100	

【课后测评】

通过对本任务的学习，同学们有什么心得体会呢？在诊断过程中需要注意哪些事项呢？

项目五

电动助力转向系统的故障诊断

本项目主要学习新能源汽车电动助力转向系统的故障诊断,分为3个任务:

任务一　机械转向系统部件检查

任务二　电动助力转向系统部件检查

任务三　电动助力转向系统常见故障分析

通过3个任务的学习,学生能够说出机械转向系统的结构和工作原理,能正确检修转向系统机械部件常见故障;能够说出电动助力转向系统(EPS)电气部分的结构和工作原理,能正确检查各电气系统部件;能描述电动助力转向系统的工作流程及常见故障,能够根据电动助力转向系统的故障现象分析故障原因,会运用专用工具进行电动助力转向系统的常见故障诊断。

任务一　机械转向系统部件检查

【学习目标】

知识目标

能够说出机械转向系统的结构。

技能目标

具有运用专用工具进行转向系统机械部件常见故障诊断的能力。

素养目标

1. 培养学生自主学习、查找资料和制订计划的能力。

2. 引导学生培养爱岗敬业和遵纪守法的社会责任感。

【任务导入】

老张的吉利帝豪 EV450 纯电动汽车转向沉重且转向时有异响，怀疑是转向系统机械部分的故障，同学们能帮他检修一下吗？

【任务准备】

安全防护：做好车辆安全防护与隔离（车内外三件套、车轮挡块、警示隔离带等）。
工具设备：通用拆装工具套装。
实训车辆：吉利帝豪 EV450 纯电动汽车整车。
辅助工具及资料：吉利帝豪 EV450 维修手册 1 份。

【知识准备】

一、转向系统机械部件相关知识

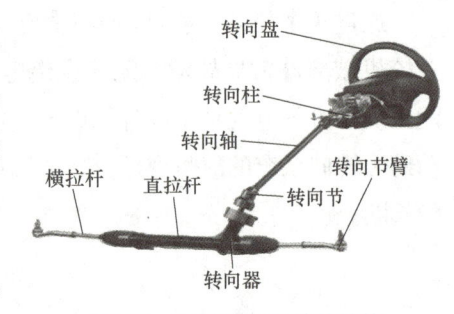

1. 机械转向系统的结构

机械转向系统由转向操纵机构、转向器和转向传动机构三大部分组成，如图 5-1 所示。转向器是机械转向系统的核心，常见的有齿轮齿条式转向器、循环球式转向器和蜗杆指销式转向器，如图 5-2 所示。

2. 机械转向系统的工作原理

汽车转向时，驾驶人作用于转向盘上的力经过转向轴（转向柱）传到转向器，转向器将转向力放大后，又通过转向传动机构的传递，推动转向轮偏转，使汽车的行驶方向改变。机械转向系统结构

图 5-1 机械转向系统的结构

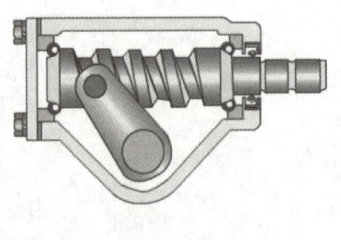

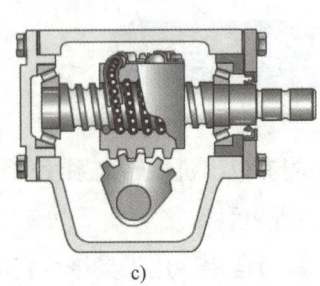

图 5-2 常见转向器
a）齿轮齿条式转向器 b）蜗杆指销式转向器 c）循环球式转向器

简单、工作可靠、路感好、维护方便，但汽车的转向完全由驾驶人所施加的操纵力来实现，操纵较费力，劳动强度较大，在新能源汽车上常与电子助力配合使用。

二、转向系统机械部件故障分析

1. 转向沉重（机械部分）

（1）故障现象

1）转向盘转动阻力大，转向困难。

2）转向时有异响。

（2）故障原因

1）胎压不足。

2）转向传动机构变形磨损，转向拉杆的球头座连接过紧。

3）前轮定位值不正确，主销后倾角或内倾角过大。

4）转向装置润滑不良。

5）转向器变形磨损或齿条和小齿轮啮合间隙过小。

（3）故障分析与诊断　导致转向沉重的故障因素有很多，要注意识别故障部位。

1）拆下转向臂，转动转向盘，如果仍然阻力较大应调整轴承松紧、传动副的啮合间隙和转向器齿条和小齿轮啮合间隙。若松紧不均匀或卡滞，则拆下转向轴，检查传动副和轴承是否损坏、转向轴和柱管是否有摩擦或卡滞，必要时修理或更换。

2）拆下转向臂，转动转向盘，若转向盘转动轻松，则故障位置应在传动机构上。须顶起前轴，用手左右拉动前轮。如果过紧，则检查转向节主销与衬套、止推轴承、横拉杆球销与横拉杆的配合是否过紧，润滑是否良好，必要时进行调整和润滑。

3）支撑前桥，转动转向盘，若转向轻松，说明故障位置在前轴和车轮上，因为支撑前桥后，转向时车轮与地面之间不存在摩擦阻力，转向状态只取决于转向器的工作情况。此时应检查前轮胎气压是否过低，前轴、车架是否变形，必要时检查车轮定位角度是否正确。

2. 左右转向轻重不同（机械部分）

（1）故障现象　汽车低速直线行驶时前轮摇摆，转向时方向一侧轻，另一侧重，转弯时大幅度转动转向盘才能控制汽车的行驶方向。

（2）故障原因

1）转向节臂装置松动。

2）转向器轴承过松。

3）传动副啮合间隙过大。

4）横、直拉杆球头销磨损严重。

5）转向节主销与衬套磨损严重，配合间隙过大。

6）前轮轮毂轴承松旷、前轴弯曲、轮毂轴承间隙过大。

7）车架轮辋变形、前束过大。

(3) 故障分析与诊断　前轮低速摆头和转向盘自由行程大，一般是各部分间隙过大或有连接松动的现象，诊断时应采用分段区分的方法进行检查。

1）一人转动转向盘，另一人在车下查看传动机构，若转向盘转动幅度大而转向臂不动，则故障在转向器，应检查传动副啮合间隙，必要时进行调整。若转向器转动幅度较大而前轮并不偏转，则故障在传动机构，应检查转向臂和直、横拉杆各球头是否松旷，必要时进行调整。

2）经检查，上述情况良好则应架起前轴用手推动车轮，检查转向节主销与衬套、前轮毂轴承是否松旷，必要时进行调整或修理。

3）经过上述检查调整后仍不稳定，应检查前轴和车架以及轮辋是否变形，前束是否符合标准规定，必要时进行调整或修理。

【任务实施】

转向沉重故障诊断（机械部分）

1. 故障现象描述

老张的吉利帝豪 EV450 纯电动汽车转向沉重且转向时有异响，怀疑是机械转向系统故障，同学们能帮他检修一下吗？

2. 故障现象分析

机械部分各部件间隙过小、定位值不准确、润滑不良或者胎压不足将导致转向沉重，诊断时应遵循从简单到复杂、先频发后偶发的诊断原则逐一检查。

3. 故障诊断过程

为了进一步确认及缩小故障部位，通过询问和目测检查已基本排除胎压不足和润滑不良等因素。具体故障诊断过程见表 5-1，任务工单见表 5-2。

表 5-1　机械转向系统故障诊断过程

序号	操作示意图	操作步骤	原因分析
1		拆下转向臂，转动转向盘	拆下转向臂，转动转向盘，如果阻力仍然较大，应调整轴承松紧度、传动副的啮合间隙；若依然转向沉重，调整齿轮齿条转向器啮合间隙

（续）

序号	操作示意图	操作步骤	原因分析
2		将车轮着地并置于直线行驶位置，松开锁紧螺母，向里拧动调整螺钉，直至螺钉与垫圈挡块接触为止，此时，转向盘应处于间隙啮合状态，转动灵活，调整好后拧紧锁紧螺母	转动转向盘，若故障消失就是转向器故障，若松紧不均匀或卡滞，应拆下转向轴，检查传动副和轴承是否损坏、转向轴和柱管是否有摩擦或卡滞，必要时修理或更换
3		1）拆卸转向管柱上、下护罩和驾驶人侧仪表板下部 2）从转向管柱上拆卸组合开关总成 3）断开安装到转向管柱上的每个线束插接件，然后从转向管柱总成上移开线束 4）拆卸转向管柱及中间总成与转向器的连接螺栓，分离转向管柱和转向器 5）拆卸转向管柱总成的固定螺栓，取下转向管柱总成	调整转向管柱间隙后再转动转向盘，若转向盘转动轻松，但车辆转向依然沉重，则故障位置应在传动机构上 应顶起前轴，用手左右拉动前轮。如果过紧，应拆检转向节主销与衬套、止推轴承、横拉杆球销与横拉杆的配合是否过紧，润滑是否良好；若故障依然存在，则应检查前轴和车轮

（续）

序号	操作示意图	操作步骤	原因分析
4		1）将车辆笔直向前停放 2）从驾驶室内拆卸转向柱与下轴、下轴转向器的连接螺栓，分离转向柱和动力转向器 3）拆卸横拉杆球头锁紧螺母 4）如左图，使用专用工具从转向节上拆卸转向横拉杆球头 5）拆卸前副车架总成；注意：须使用千斤顶支撑 6）从防火墙上拆卸转向器固定螺栓 7）将转向器总成右移，然后从车架的左侧取出。注意：要小心慢慢取出，请勿损坏横拉杆防尘套	支撑前桥，转动转向盘，若转向轻松说明故障位置在前轴和车轮上，因为支撑前桥后，转向时车轮与地面之间不存在摩擦阻力，转向状态只取决于转向器的工作情况。此时应检查前轮胎气压是否过低、前轴、车架是否变形，必要时检查车轮定位角度是否正确

表 5-2 任务工单

测试环节（请在以下区域填写或勾选）		
填写车辆信息	VIN	
	品牌	
车辆故障现象		
故障原因初步判定		

（续）

\multicolumn{3}{c	}{故障诊断过程记录}
步骤	诊断对象及检测项目	检查结果分析与下一次诊断对象
		检查结果分析： 下一次诊断对象：
		检查结果分析： 下一次诊断对象：
		检查结果分析： 下一次诊断对象：
诊断结论	确认故障点	
	此故障排除方法及步骤	

【任务评价与考核】

任务名称	机械转向系统部件检查		
姓名		组别	
授课地点		学时	
学习态度（15分）			
序号	考核点	配分	得分
1	出勤	5	
2	课堂纪律	5	
3	6S管理	3	
4	劳动	2	
知识掌握（15分）			
序号	考核点	配分	得分
1	能够说出机械转向系统的结构	5	
2	能够正确描述出机械转向系统的工作原理	10	
技能掌握（70分）			
序号	考核点	配分	得分
1	车辆信息与基本检查	10	
2	故障诊断过程	40	
3	故障诊断结论	20	
总分		100	

【课后测评】

通过对本任务的学习，同学们试着用思维导图画出转向系统机械部件的结构。

任务二　电动助力转向系统部件检查

【学习目标】

知识目标

1. 能够说出电动助力转向系统的结构。
2. 能够正确描述出电动助力转向系统的工作原理。

技能目标

具有运用专用工具进行电动助力转向系统电气部件检查的能力。

素养目标

1. 提升学生 6S 管理意识。

2. 引导学生精检细修,树立工匠精神。

【任务导入】

同学们知道电动助力转向系统有哪些电气部件吗?如果它们出现故障了应该怎么检查呢?我们一起探究吧!

【任务准备】

安全防护:做好车辆安全防护与隔离(车内外三件套、车轮挡块、警示隔离带等)。

工具设备:常规工具套装、数字万用表。

实训车辆:吉利帝豪 EV450 纯电动汽车整车。

辅助工具及资料:吉利帝豪 EV450 维修手册 1 份。

【知识准备】

一、电动助力转向系统的相关知识

1. 电动助力转向系统电气部分的结构

电动助力转向系统电气部分由转向助力控制单元、转矩传感器、转角传感器、转向助力电动机、电磁离合器和车速传感器等部件组成,如图 5-3 所示。

图 5-3 电动助力转向系统电气部件

2. 电动助力转向系统的工作原理

当转动转向盘时,转角传感器测出转向盘转动角度信息,并产生一个信号。转矩传感器测出施加于转向轴的转矩信息,并产生一个电信号。与此同时,车速传感器测出汽车的车速,也产生一个电信号。这 3 个信号被送往电子控制单元(ECU),经过 ECU 分析处理后,输出给电动机一个合适的电流,以产生相应的转矩,经减速机构施加在转向机构上,得到一个与工况相适应的转向作用力,如图 5-4 所示。

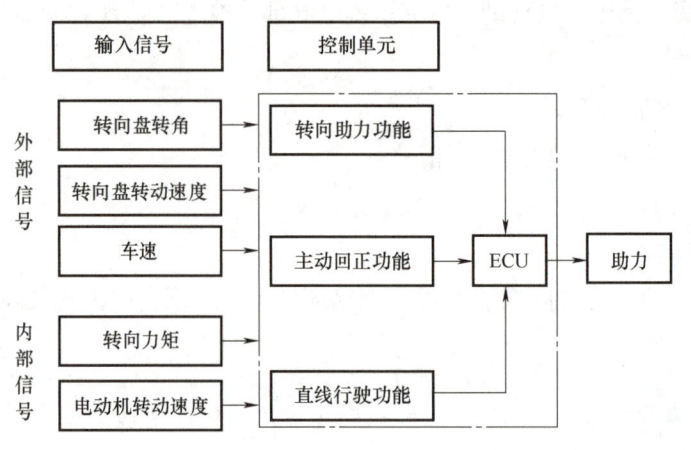

图 5-4 电动助力转向系统的工作原理图

电动助力转向系统的助力作用受 ECU 控制,在低速转向时的助力作用最强,随着车速的升高助力作用逐渐减弱,当车速达到一定值时,ECU 停止向电动机供电,转向过程完全由驾驶人操纵。由此可见,电动助力转向系统在低速转向时,可获得较轻便的转向特性,而在高速转向时,则可获得完全的转向"路感",具有优越的控制特性,保证车辆行驶的安全,如图 5-5 所示。

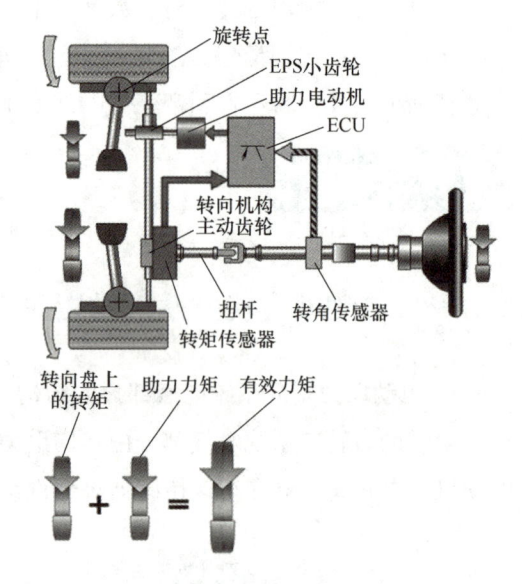

图 5-5 电动助力转向系统自动回正原理图

二、电动助力转向系统主要电气部件故障分析

电动助力转向系统主要电气部件故障分析见表 5-3。

表 5-3 电动助力转向系统主要电气部件故障分析

失效部件	失效表现	可能失效形式
转矩传感器	转向力左右不一致、跑偏	传感器不在中位、插接件接触不良
助力电动机	助力电动机电压低、转向沉重	连接到电池的线束短路、接地或 FET 短路
	多余测量电流、转向太轻	线束接地、线束短路或 FET 短路
	测量电流过小	插接件接触不良、线束未插接牢靠
	转向沉重	电机短路、FET 短路

项目五　电动助力转向系统的故障诊断

（续）

失效部件	失效表现	可能失效形式
ECU	ESP（车身电子稳定系统）灯长亮	插接件插接不牢靠、集成电路失效
		中央控制单元失效
车速传感器	转向无助力	车速传感器失效
点火信号		检查点火信号线是否有信号

【任务实施】

电动助力转向系统各电气部件检查方法见表5-4。任务工单见表5-5。

表5-4　电动助力转向系统各电气部件检查方法

序号	电子元件示意图	名称	安装位置	检查方法
1		转角传感器	安装在转向柱上的转向开关与转向盘之间	转动转向盘时，检测信号电压，其电压应随转向角度变化而改变，否则说明转角传感器损坏，需更换
2		转矩传感器	安装在转向器和转向轴之间	打开起动开关，转动转向盘在直行状态：主、辅信号电压均约为2.5V；转向盘左转：主信号电压升高，辅信号电压降低，主、辅电压之和等于5V；转向盘右转：主信号电压降低，辅信号电压升高，主、辅电压之和等于5V
3		助力电动机	安装在转向轴或转向器旁边	从转向器上断开助力电动机导线插接器，在两端子间加上蓄电池电压时助力电动机应有均匀转动声，否则应更换

93

（续）

序号	电子元件示意图	名称	安装位置	检查方法
4		电磁离合器	和助力电动机一体	从转向器上断开电磁离合器导线插接器，给电磁离合器接入蓄电池电压，在接通与断开的瞬间，离合器应有吸动声，如果没有则表明离合器故障，应更换
5		电磁阀	和转向器一体	断开电磁阀接线插座，用万用表检测电阻值，应为 6~11Ω；从转向器上拆下电磁阀，接触蓄电池的正、负极，电磁阀应有动作响声；检查针阀间隙，应为 2mm 以上，若不符合要求，应更换电磁阀
6		转向助力 ECU（EPS）	在转向器下方	ECU 的故障率很小，在确认传感器良好、搭铁良好、其他电路良好的情况下，检查 ECU 的输出指令是否正常，如果不正常应更换 ECU
7		车速传感器	车轮	断开车速传感器接线插座，用万用表检测电阻值，值（165±20）Ω 为良好，否则应更换车速传感器

表 5-5 任务工单

电动助力转向系统电气部件检测过程记录		
名称	检测步骤	检测结果分析

【任务评价与考核】

任务名称		电动助力转向系统部件检查		
姓名			组别	
授课地点			学时	
学习态度（15分）				
序号		考核点	配分	得分
1		出勤	5	
2		课堂纪律	5	
3		6S 管理	3	
4		劳动	2	
知识掌握（15分）				
序号		考核点	配分	得分
1		能够说出电动助力转向系统的结构	5	
2		能够正确描述出电动助力转向系统的工作原理	10	
技能掌握（70分）				
序号		考核点	配分	得分
1		正确使用检测工具	10	
2		各电气部件检测方法正确	40	
3		检测结果分析	20	
		总分	100	

【课后测评】

通过对本任务的学习，同学们有什么心得体会呢？在电动助力转向系统电气部件检测的过程中需要注意哪些事项呢？

任务三　电动助力转向系统常见故障分析

【学习目标】

知识目标

1. 能够说出电动助力转向系统的工作流程。
2. 能够正确描述出电动助力转向系统的常见故障。

技能目标

1. 具有根据电动助力转向系统故障现象分析故障原因的能力。
2. 具有运用专用工具进行电动助力转向系统常见故障诊断的能力。

素养目标

提升学生团队协作能力。

【任务导入】

小王的吉利帝豪 EV450 纯电动汽车行驶了 2 万 km，最近发现车辆在行驶时向左打转向盘稍微沉重，向右打转向盘正常，仪表显示无故障。于是前往 4S 店修理，维修人员接待了小王，详细询问车辆故障现象及故障发生的过程，了解客户需求后，开始展开维修工作。

【任务准备】

安全防护：做好车辆安全防护与隔离（车内外三件套、车轮挡块、警示隔离带等）。
工具设备：常规工具套装、数字万用表、故障诊断仪。
实训车辆：吉利帝豪 EV450 纯电动汽车整车。
辅助工具及资料：吉利帝豪 EV450 维修手册 1 份。

【知识准备】

一、电动助力转向系统工作流程

1) 当起动开关处于 ON 档，ON 档继电器吸合后电动助力转向系统开始工作。
2) 电动助力转向系统正常工作时，电动助力转向系统根据接收来自 VCU 的车速信号、唤醒信号及来自转矩传感器的转矩信号等进行综合判断，以控制电动助力转向系统助力电动机的转矩、转速和方向。

3）转向控制器在上电 200ms 内完成自检，上电 200ms 后可以与 CAN 总线交换信息，上电 300ms 后输出 470 帧（转向故障和转向状态上报帧）。

4）当电动助力转向系统检测到故障时，通过 CAN 总线或硬线向 VCU 发送故障信息，并采取相应的处理措施。

5）当转向盘转动时，与转向轴相连的转矩传感器不断地测出作用于转向轴上的力矩，并将力矩转换为电信号，车速传感器产生车速信号，ECU 根据这两个信号，经过运算处理后，向离合器和助力电动机发出控制指令，即输出一个适合的电流，在离合器接合的同时，使助力电动机产生一个转矩，转矩经过减速机构减速增矩后，施加在输出轴上，输出轴的下端与齿轮齿条式转向器总成中的小齿轮相连，于是由助力电动机发出的转矩最后通过齿轮齿条式转向器施加到汽车的转向机构上，使之得到一个与工况相适应的转向助力。

6）采用干式电磁离合器，保证电动助力转向系统在预先设定的车速范围内闭合，当车速超过设定车速范围时，离合器断开，助力电动机不再提供助力，转入手动转向状态，另外当助力电动机发生故障时，离合器将自动断开。车速超过 30km/h 时，电动助力转向系统不工作。

二、电动助力转向系统故障模式及分析

1. 转向困难

（1）故障现象　汽车在转向时，发生转向沉重和不灵敏等转向困难现象。

（2）故障原因

1）前轮胎充气不当、磨损不均匀。

2）前轮定位错误。

3）转向器总成发生故障。

4）转矩传感器（内置于转向柱）发生故障。

5）助力电动机发生故障。

6）蓄电池和电源系统发生故障。

7）动力转向 ECU 电源电压异常和继电器发生故障。

8）动力转向 ECU 发生故障。

9）车速传感器故障。

10）插接件未插好，线束接触不良或破损，主熔丝和电路熔丝烧坏。

（3）故障分析与诊断

1）检查前轮气压是否正常，胎面磨损是否均匀。

2）检查前悬架下球节是否磨损、松旷，如不能修复，则进行更换。

3）检查前轮定位参数是否正确，如不正常，则调整前轮定位参数。

4）检查转向器总成，若不正常，则进行修复或更换。

5）检查蓄电池和电源系统是否正常，若不正常，则进行修复或更换。

6）检查动力转向 ECU 是否正常，若不正常，则进行修复或更换。

7）检查转矩传感器和助力电动机是否正常，若不正常，则进行修复或更换。

2. 左右转向力矩不同或转向力矩不均

（1）故障现象　汽车在转向时，在向左和向右操纵时，明显感觉沉重感不同。

（2）故障原因

1）前轮胎充气不当、磨损不均匀。

2）前轮定位错误。

3）前悬架下球节磨损、松旷等。

4）转向器总成发生故障。

5）转向中心点（零点）记录错误。

6）转矩传感器（内置于转向柱）发生故障。

7）转向柱总成发生故障。

8）助力电动机发生故障。

9）动力转向 ECU 发生故障。

（3）故障分析与诊断

1）检查前轮气压是否正常，胎面磨损是否均匀。

2）检查前悬架下球节是否磨损、松旷，如不能修复，则进行更换。

3）检查前轮定位参数是否正确，如不正常，则调整前轮定位参数。

4）检查转向器总成，若不正常，则进行修复或更换。

5）检查转向中心点（零点）记录是否错误，若记录错误，则重新进行校正。

6）检查动力转向 ECU 是否正常，若不正常，则进行修复或更换。

7）检查转矩传感器和助力电动机是否正常，若不正常，则进行修复或更换。

3. 行驶时转向力矩不随车速改变，或转向盘不能正确回正

（1）故障现象　汽车在行驶时，车速改变但转向力矩不能同步变化，转向盘不能正确回正。

（2）故障原因

1）前悬架下球节磨损、松旷等。

2）转速传感器发生故障。

3）防滑控制 ECU 发生故障。

4）转矩传感器（内置于转向柱）发生故障。

5）助力电动机发生故障。

6）动力转向 ECU 发生故障。

7）CAN 通信系统发生故障。

(3) 故障分析与诊断

1）检查前悬架是否磨损、松旷，如不能修复，则进行更换。

2）检查转速传感器是否正常，若不正常，则进行修复或更换。

3）检查防滑控制 ECU 是否正常，若不正常，则进行修复或更换。

4）检查动力转向 ECU 是否正常，若不正常，则进行修复或更换。

5）检查转矩传感器和助力电动机是否正常，若不正常，则进行修复或更换。

6）检查 CAN 通信系统是否正常，若不正常，则进行修复或更换。

4. 动力转向工作时，转动转向盘时出现敲击（或摇动）声

(1) 故障现象　汽车行驶转向时，转向盘出现敲击（或摇动）声。

(2) 故障原因

1）前悬架下球节磨损、松旷等。

2）转向中间轴磨损、松旷等。

3）助力电动机发生故障。

4）动力转向 ECU 发生故障。

(3) 故障分析与诊断

1）检查前悬架是否磨损、松旷，如不能修复，则进行更换。

2）检查转向中间轴是否磨损、松旷，如不能修复，则进行更换。

3）检查助力电动机是否正常，若不正常，则进行修复或更换。

4）检查动力转向 ECU 是否正常，若不正常，则进行修复或更换。

【任务实施】

左右转向力矩不同或转向力矩不均故障诊断

1. 故障现象描述

车辆在行驶时向左打转向盘稍微沉重，向右打转向盘正常，仪表显示无故障。

2. 故障现象分析

转向系统机械部分间隙不均、转向轮气压不一致、转矩传感器故障、助力电动机故障或动力转向 ECU 发生故障都会导致左右转向沉重感不同的现象。检修时应遵循从简单到复杂、先频发后偶发的原则逐一检查。

3. 故障诊断过程

电动助力转向系统常见故障诊断过程见表 5-6，任务工单见表 5-7。

表 5-6　电动助力转向系统常见故障诊断过程

序号	操作示意图	操作步骤	故障分析
1		用目测、胎压表等方法检查前轮气压、定位、磨损情况以及前悬架下球节	若不正常，则调节胎压、更换轮胎、调整前轮定位参数、修复下球节。若正常则进行下一步
2		检测转向器：松开锁紧螺母，向里拧动调整螺钉，直至螺钉与垫圈挡块接触为止，此时，转向盘应处于间隙啮合状态，转动灵活，调整好后拧紧锁紧螺母	转动转向盘，若故障消失就是转向器故障，若左右轻重依然不均匀或卡滞，则进行下一步
3		检查转矩传感器：打开起动开关，转动转向盘在直行状态：主、辅信号电压均约为 2.5V；转向盘左转：主信号电压升高，辅信号电压降低，主、辅电压之和等于 5V；转向盘右转：主信号电压降低，辅信号电压升高，主、辅电压之和等于 5V	若故障则更换，若正常则进行下一步
4		检查助力电动机：从转向器上断开助力电动机导线插接器，在两端子间加上蓄电池电压时助力电动机应有均匀转动声	若无转动声音则维修或更换，若正常则进行下一步
5		检查转向中心点（零点）记录是否错误	若记录错误重新进行校正，若正常则进行下一步

（续）

序号	操作示意图	操作步骤	故障分析
6		检查主熔丝和电路熔丝是否完好	若主熔丝和电路熔丝损坏，需更换。若完好，则进行下一步
7		打开起动开关，检查终端"D8"和控制盒体接地之间的电压	若不是蓄电池电压，则整车信号线断开或短路，需修复。若是蓄电池电压，则进行下一步
8		检查终端"A1"和控制盒体接地之间的电压	若不是蓄电池电压，则整车电源线断开或短路，需修复。若是蓄电池电压，则进行下一步
9	—	检查整车是否可以无助力行驶	若不能无助力行驶，则是CAN通信不畅。若可以无助力行驶，则进行下一步
10		检查插头与电动助力转向系统控制盒之间的连接	若插头与电动助力转向系统控制盒之间连接不牢靠，则接地不良 如果上述各项都正常，则更换一个新的电动助力转向系统控制盒，重新检查

表 5-7 任务工单

测试环节（请在以下区域填写或勾选）			
填写车辆信息	VIN			
	品牌			
车辆基本检查	辅助蓄电池电压：_____V □ 正常　　□ 异常			
	动力蓄电池工作电压：			
故障现象初步判定				

故障诊断过程记录		
步骤	诊断对象及检测项目	测量结果分析与下一次诊断对象
		测量结果分析： 下一次诊断对象：
		测量结果分析： 下一次诊断对象：
		测量结果分析： 下一次诊断对象：

(续)

	测试环节（请在以下区域填写或勾选）	
诊断结论	确认故障点	
	绘制围绕故障点的电路简图	

【任务评价与考核】

任务名称	电动助力转向系统常见故障分析			
姓名		组别		
授课地点		学时		
学习态度（15分）				
序号	考核点		配分	得分
1	出勤		5	
2	课堂纪律		5	
3	6S管理		3	
4	劳动		2	
知识掌握（15分）				
序号	考核点		配分	得分
1	能说出电动助力转向系统的工作流程		5	
2	能够根据电动助力转向系统的故障现象分析故障原因		10	
技能掌握（70分）				
序号	考核点		配分	得分
1	车辆信息与基本检查		20	
2	故障诊断过程		30	
3	故障诊断结论		20	
	总分		100	

【课后测评】

通过排除小王爱车的电动助力转向系统故障，请同学们思考一下，还有没有更好的排除故障的方法？

项目六

空调系统的故障诊断

本项目主要学习新能源汽车空调系统的故障诊断,分为两个任务:

任务一　空调制冷系统的故障诊断

任务二　空调制热系统的故障诊断

通过两个任务的学习,学生能够根据空调制冷、制热系统的故障现象分析故障原因,会运用专用工具进行空调系统的常见故障诊断。

任务一　空调制冷系统的故障诊断

【学习目标】

知识目标

能够说出空调制冷系统的组成和工作原理。

技能目标

1. 具有根据空调制冷系统故障现象分析故障原因的能力。

2. 具有运用专用工具进行空调制冷系统常见故障诊断的能力。

素养目标

提升学生团队协作解决问题的能力。

【任务导入】

一辆吉利帝豪EV450,车主反映打开空调制冷开关后没有冷气。请进行检查,判断该车的空调制冷系统是否正常,并解释原因。

【任务准备】

安全防护:做好车辆安全防护与隔离(车内外三件套、车轮挡块、警示隔离带等)。

工具设备:数字万用表、兆欧表、空调歧管压力表、绝缘防护用品、绝缘工具套装、常规工具套装。

辅助设备:二氧化碳灭火器、碎布、手电筒。

实训车辆:吉利帝豪 EV450 纯电动汽车整车。

辅助工具及资料:BDS 故障诊断仪、吉利帝豪 EV450 维修手册 1 份。

【知识准备】

一、空调制冷系统相关知识

空调系统的作用是根据车外环境随时调节汽车内部的温度、湿度和通风状况,以改善车内空气质量,保持最舒适的驾车环境。新能源汽车空调系统由制冷系统、制热系统、通风和空气净化装置及控制系统四部分组成。

1. 空调制冷系统的组成

吉利帝豪 EV450 空调制冷系统主要由电动压缩机、冷凝器、蒸发器、空调控制系统等部分构成,如图 6-1 所示。

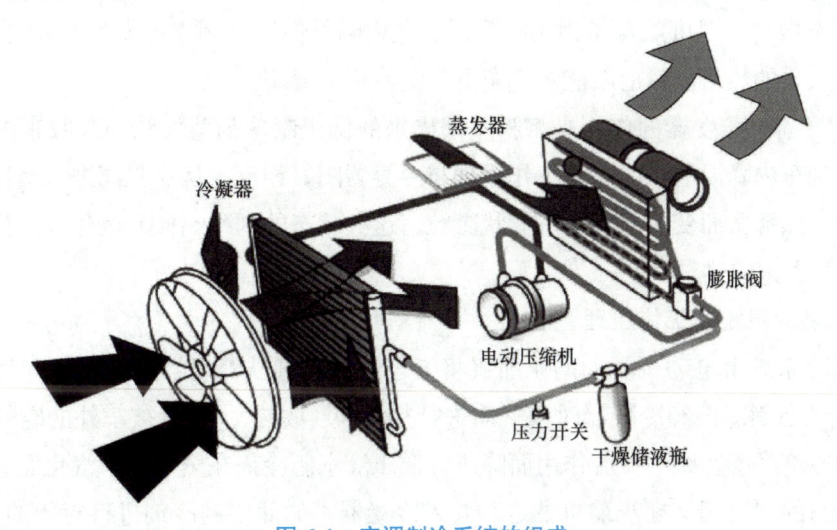

图 6-1 空调制冷系统的组成

(1)电动压缩机 如图 6-2 所示,电动压缩机是空调制冷系统的心脏,起着压缩和输送制冷剂蒸汽的作用。吉利帝豪 EV450 的空调采用涡旋式压缩机,具有振动小、噪声低、使用寿命长、重量轻、转速高、效率高、外形尺寸小等优点。压缩机由内置电动机驱动,空调变频器为内置电动机提供可变交流电。

(2) 冷凝器　冷凝器的作用是把电动压缩机排出的高温高压气态制冷剂的热量传给大气,使制冷剂冷凝成液体。冷凝器中制冷剂的液化,需要释放大量的热量,所以车载空调冷凝器大多布置在车头散热器前面,由冷却系统风扇或冷凝器风扇或两者共同进行冷却。汽车空调系统的冷凝器是一种由管子与铝散热片组合起来的热交换设备。冷凝器的材料可以是铜、钢、铝,现在以铝制居多。冷凝器中的管子做成各种盘管状,散热片是为了增大冷凝器的散热面积,而且可支撑盘管。

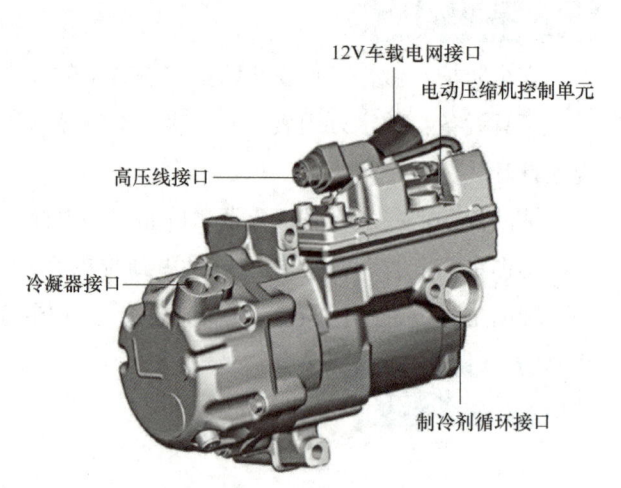

图 6-2　电动压缩机

(3) 干燥储液瓶　干燥储液瓶的作用是储存液体,吸收水分,过滤杂物,观察制冷剂的流动情况。干燥储液瓶一般是密封焊死的钢制或铝制压力容器,通常不能拆装,里面放有干燥剂和过滤网。从冷凝器过来的高压液态制冷剂从上部进入瓶中,经过过滤干燥后,从底部由引管排出至膨胀阀。

(4) 膨胀阀　膨胀阀的作用是当高压中温液态制冷剂经过膨胀阀内部的小孔径装置后,其流量因受到节制而减少,减少流量的制冷剂进入有较大空间的蒸发器后,压力降低,制冷剂雾化成液态微粒,温度随着压力同时降低。压力降低使制冷剂立即发生蒸发的物理变化,同时要吸收大量的热量。目前新能源汽车上广泛使用 H 型膨胀阀。

(5) 蒸发器　蒸发器的作用是将膨胀阀出来的低压制冷剂蒸发从而吸收车内空气的热量,从而达到车内降温的目的。其工作原理与冷凝器刚好相反,从膨胀阀进入蒸发器的制冷剂由于体积突然膨胀而变成低温低压雾状微粒,这种状态的制冷剂极易汽化,汽化时将吸收周围(车内)大量的热量。

2. 空调制冷系统的工作原理

空调制冷系统由电动机驱动的压缩机将气态的制冷剂从蒸发器中抽出,并将其压入冷凝器。高压气态制冷剂经冷凝器时液化而进行热交换(放热),热量被车外的空气带走。高压液态的制冷剂经膨胀阀的节流作用而降压,低压液态制冷剂在蒸发器中汽化而进行热交换(吸热),气态的制冷剂又被压缩机抽走,泵入冷凝器,如此使制冷剂进行封闭的循环流动,不断将车厢内的热量排到车外,使车厢内的气温降至适宜的温度。空调制冷系统的工作原理图如图 6-3 所示。

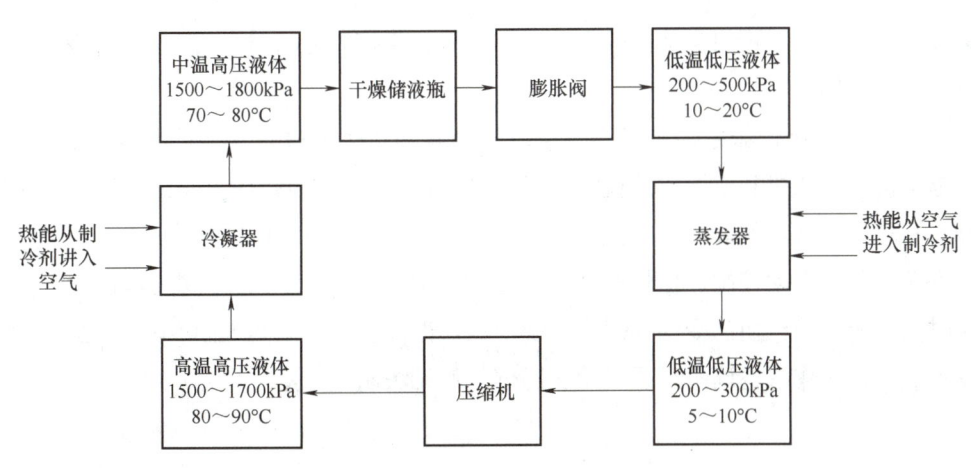

图 6-3 空调制冷系统的工作原理图

3. 新能源汽车空调制冷系统的控制原理

吉利帝豪 EV450 空调制冷系统控制原理图如图 6-4 所示。

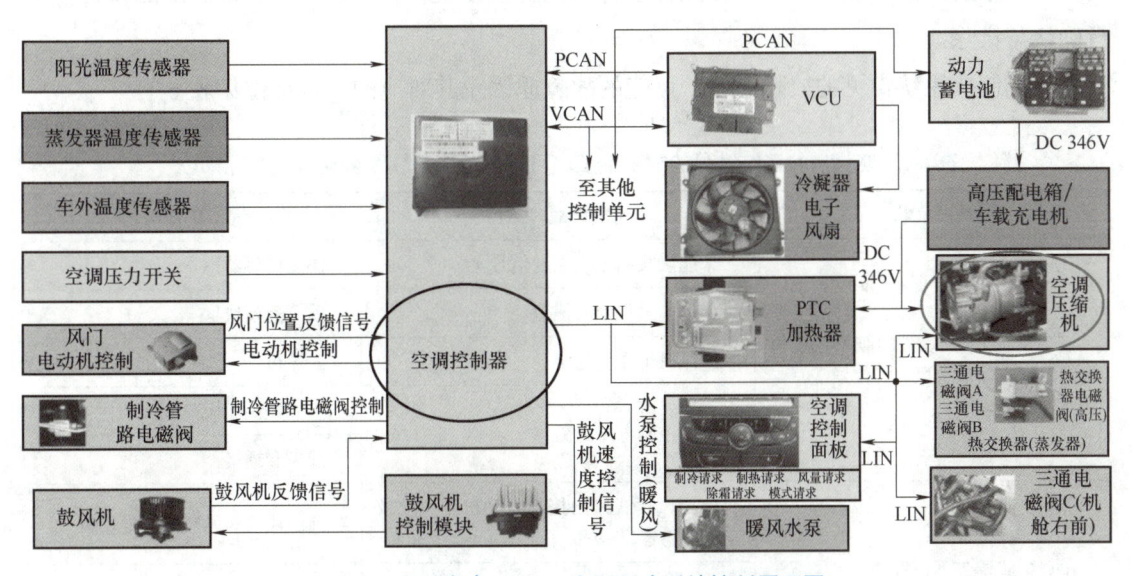

图 6-4 吉利帝豪 EV450 空调制冷系统控制原理图

其基本控制过程为，通过信号输入单元检测汽车工作中的一些信息，并将其检测到的信息以相应的物理量信号经由通信网络送到空调控制器中，经分析、比较、运算等处理，再由执行器完成相应工作，以达到制冷的效果。

（1）信号输入单元　信号输入单元包括车内外温度传感器、阳光温度传感器、蒸发器温度传感器、空调压力开关、各风门电动机的位置传感器或开关以及空调控制键等。其作用是将温度、空调系统压力等物理量转变为电信号（如热敏电阻的阻值变化）并输入空调控制器中。

（2）空调控制器　空调控制器又称为计算机控制型自动空调器，是由单片机与其周边电路集成的控制装置，可根据信号输入单元的信号，经控制电路对车内温度、送风量及空调压缩机等进行控制。

（3）执行器　执行器主要负责接收空调控制器的指令来进行具体的温度控制操作，包括风门电动机、鼓风机和空调压缩机等。风门电动机主要负责调节进气门进气方式、出风口出风方式和冷热空气比例等。鼓风机主要控制送风速度，调节车内空气降温或升温速度，可以实现手动控制、自动控制、预热控制等功能。空调压缩机为空调系统提供动力，当空调系统工作时，空调压缩机使制冷剂在制冷系统中正常循环流动，以实现制冷。一旦电动压缩机有故障不能正常工作，空调循环系统无法运行，就无法制冷。

二、空调制冷系统故障模式及分析

导致汽车空调制冷系统出现故障的原因有很多，在诊断时应熟练掌握制冷系统的工作原理，利用系统的高、低压压力，并配合着各部位的温度变化，根据不同元件故障的特征，进行确认与排除。

空调制冷系统常见的故障症状、可能的故障原因及其对应的故障部位见表 6-1。

表 6-1　空调制冷系统常见的故障症状、可能的故障原因及其对应的故障部位

故障症状	可能的故障原因	可能对应的故障部位
制冷系统工作不正常（实际温度与设定温度有偏差，风速档位异常）	未能接收到正确温度信号	温度传感器
	前调速过程出现偏差	前调速模块
	鼓风机工作不稳定	鼓风机
	空调控制电路故障	空调控制面板总成
		线束和插接器
出风模式调节不正常	前出风模式风门控制电动机不工作或工作不稳定	前出风模式风门控制电动机
	空调控制器工作异常	空调控制器
	出风模式调节电路故障	线束和插接器
用户侧温度调节不正常	用户侧空气混合控制电动机不工作或工作不稳定	用户侧空气混合控制电动机
	空调控制器工作异常	空调控制器
	用户侧温度调节电路故障	线束和插接器
副用户侧温度调节不正常	副用户侧空气混合控制电动机不工作或工作不稳定	副用户侧空气混合控制电动机
	空调控制器工作异常	空调控制器
	副用户侧温度调节电路故障	线束和插接器

(续)

故障症状	可能的故障原因	可能对应的故障部位
内外循环调节不正常	循环控制电动机不工作或工作不稳定	循环控制电动机
	空调控制器工作异常	空调控制器
	内外循环调节电路故障	线束插接器
空调系统所有功能失效	高压配电电路故障	高压配电电路
	空调电动机驱动器故障	空调电动机驱动器
	空调控制器电源电路故障	空调控制器电源电路
	空调控制器故障	空调控制器
	信号传输不通畅	信号传输系统
	总控电路故障	线束和插接器
仅制冷系统失效（鼓风机工作正常）	压缩机不工作或工作不稳定	压缩机
	空调电动机驱动器故障	空调电动机驱动器
	压力开关损坏	压力开关
鼓风机不工作	鼓风机或电路故障	鼓风机及鼓风机回路
	空调控制器工作异常	空调控制器

【任务实施】

一、空调压缩机无法起动或工作不正常故障分析

空调制冷系统故障中的空调压缩机无法起动或工作不正常故障较为常见且影响巨大，需要对空调压缩机及控制系统进行检修，其主要故障原因及分析过程总结见表 6-2。

表 6-2 空调压缩机无法起动或工作不正常故障分析

故障现象	故障类别	故障原因	检测及排除措施
空调压缩机无法起动或电源电流无变化	驱动控制器不工作	驱动控制器 DC 12V 电源未接通	检查电源与驱动控制器间的电路连线
		电源电压不足或过高	检查电源电压
		插接件接触不良或脱落	检查驱动控制器电源插接件
	驱动控制器工作正常	驱动控制器未接收到 A/C 开关信号	检查 A/C 开关及其电路连线
		欠电压保护启动	关闭主电源，检查空调压缩机供电电路
	空调压缩机不工作	空调压缩机卡滞或损坏	更换空调压缩机

(续)

故障现象	故障类别	故障原因	检测及排除措施
起动时空调压缩机有轻微抖动，电源电流不稳定	电动机过电流保护	电动机过载导致过电流保护启动	检查制冷回路，回收多余制冷剂，保证系统压力平衡
		电动机缺相导致过电流保护启动	检查驱动控制器与电动机的插接件及其电路连线
空调压缩机工作时有异响	制冷系统故障	电动机过载导致过电流保护启动	检查冷凝器风机，停止空调制冷工作等待压力稳定
	控制系统故障	电动机缺相导致过电流保护启动	检查驱动控制器与电动机的插接件及其电路连线
	空调压缩机故障	缺少冷冻机油	加注冷冻机油

二、空调压缩机无法起动故障诊断

1. 故障现象描述

客户的吉利帝豪 EV450，在开启空调制冷功能后无明显制冷效果。车辆起动一段时间后，打开空调制冷开关，空调正常出风，待空调运行约 10min 后，发现车内温度无明显变化。随后开启空调制热功能，发现该功能正常。

2. 故障现象分析

空调压缩机无法起动主要考虑空调压缩机控制回路、辅助蓄电池和空调压缩机本体是否出现故障。

3. 故障诊断过程

空调压缩机无法起动故障诊断流程见表 6-3，任务工单见表 6-4。

表 6-3　空调压缩机无法起动故障诊断流程

序号	操作示意图	操作方法	实测值	原因分析
1		车辆起动约 10min 后，打开空调制冷开关	—	—

（续）

序号	操作示意图	操作方法	实测值	原因分析
2		观察空调压缩机的工作现象	注意听空调压缩机工作的声音，判断空调压缩机是否正常工作	空调压缩机未正常起动，可能是由于空调压缩机与其驱动控制器出现问题
3		检查驱动控制器	利用万用表检查驱动控制器与蓄电池之间的连接	当驱动控制器与蓄电池之间的连接不通畅时，也会导致空调压缩机不能正常起动
4		检查辅助蓄电池	检查辅助蓄电池充电电路及高压盒中电动空调熔丝	辅助蓄电池电压过低或无法正常充电也会导致空调压缩机无法正常起动
5		检查空调压缩机	若上述检查结果均正常，说明空调压缩机损坏，需要更换空调压缩机	—

表 6-4 任务工单

测试环节（请在以下区域填写或勾选）			
填写车辆信息	VIN		
	品牌		
车辆基本检查	车辆能否正常起动 □ 正常　□ 异常 空调制冷系统是否工作正常： □ 正常　□ 异常		
故障现象 初步判定			

113

（续）

\multicolumn{3}{c}{故障诊断过程记录}
步骤	诊断对象及检测项目	测量结果分析与下一次诊断对象
		测量结果分析： 下一次诊断对象：
		测量结果分析： 下一次诊断对象：
		测量结果分析： 下一次诊断对象：
诊断结论	确认故障点	
	故障排除方法	

【任务评价与考核】

任务名称		空调制冷系统的故障诊断		
姓名			组别	
授课地点			学时	
学习态度（20分）				
序号		考核点	配分	得分
1		出勤	5	
2		课堂纪律	5	
3		6S 管理	6	
4		劳动	4	
技能掌握（80分）				
序号		考核点	配分	得分
1		观察空调压缩机现象	10	
2		检查空调驱动控制器	20	
3		检查辅助蓄电池	20	
4		检查空调压缩机	30	
		总分	100	

【课后测评】

通过本任务的学习，同学们能否尝试着优化一下诊断流程。

任务二　空调制热系统的故障诊断

【学习目标】

知识目标

能说出空调制热系统的组成和工作原理。

技能目标

1. 具有根据空调制热系统故障现象分析故障原因的能力。
2. 具有运用专用工具进行空调制热系统常见故障诊断的能力。

素养目标

提升学生团队协作解决问题的能力。

【任务导入】

一辆吉利帝豪 EV450 车主反映,打开空调制热开关后没有暖气。请进行检查,判断该车的空调制热系统是否正常,并解释原因。

【任务准备】

安全防护:做好车辆安全防护与隔离(车内外三件套、车轮挡块、警示隔离带等)。

工具设备:数字万用表、兆欧表、绝缘防护用品、绝缘工具套装、常规工具套装。

辅助设备:二氧化碳灭火器、碎布、手电筒。

实训车辆:吉利帝豪 EV450 纯电动汽车整车。

辅助工具及资料:BDS 故障诊断仪、吉利帝豪 EV450 维修手册 1 份。

【知识准备】

一、空调制热系统相关知识

1. 空调制热系统的分类

空调制热系统一般分为热泵式空调制热系统和 PTC 电加热制热系统两大类。

(1)**热泵式空调制热系统** 由传动带驱动的直流无刷电动机的电动汽车热泵式空调制热系统工作原理图如图 6-5 所示。空调系统的制冷/制热模式由四通换向阀转换,实线箭头表示制冷工况,虚线箭头表示制热工况。

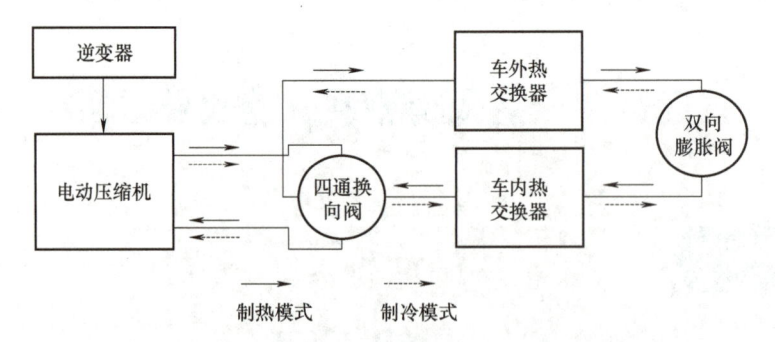

图 6-5 热泵式空调制热系统工作原理图

从原理上讲,该系统与普通的热泵空调并无区别,但是用于电动汽车上,其专门开发了双工作腔滑片压缩机、直流无刷电动机和逆变器控制系统。在热泵工况下,系统从融霜模式转为制热模式时,风道内热交换器上的冷凝水将迅速蒸发,在风窗玻璃上结霜,从而影响驾驶的安全性。

（2）PTC 电加热制热系统　PTC 电加热器是采用 PTC 热敏电阻元件为发热源的一种加热器。PTC 热敏电阻通常是用半导体材料制成的，它的电阻随湿度变化而急剧变化，当外界温度降低，PTC 电阻值随之减小，发热量反而会相应增加。PTC 热敏电阻按材质可以分为陶瓷 PTC 热敏电阻和有机高分子 PTC 热敏电阻。用于空调辅助电加热器的是陶瓷 PTC 热敏电阻。因为 PTC 热敏电阻元件具有随环境温度高低变化，其电阻值随之增加或减小的特性，所以 PTC 电加热器具有节能、恒温、安全和使用寿命长等特点。目前北汽生产的新能源汽车空调均采用 PTC 电加热制热系统。

2. 空调 PTC 电加热制热系统的组成

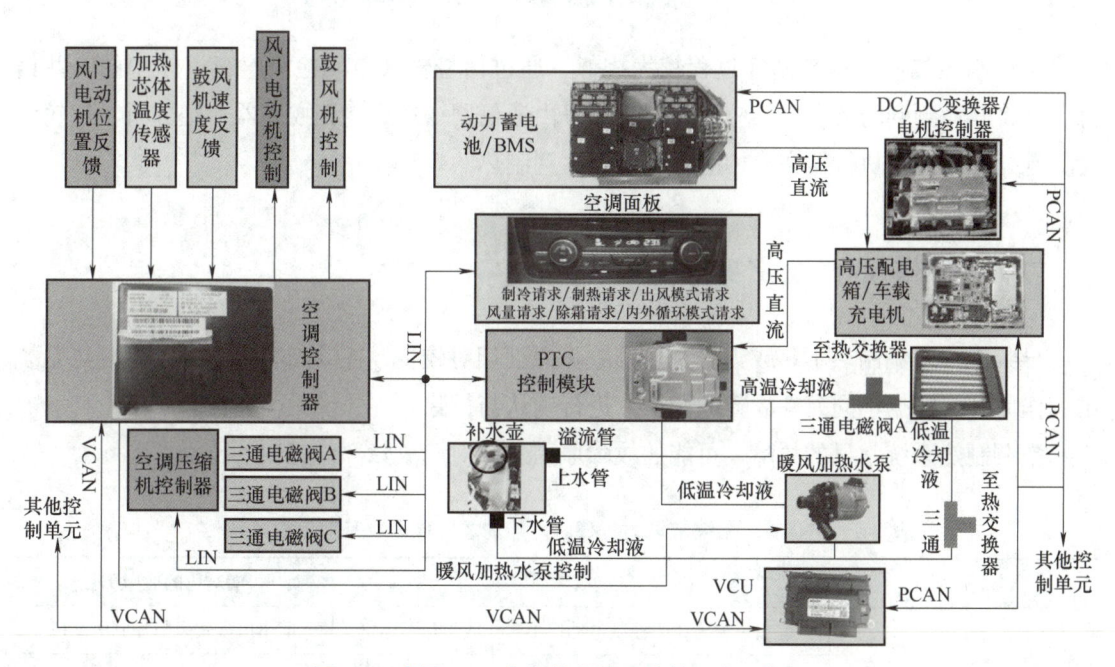

空调 PTC 电加热制热系统的组成示意图如图 6-6 所示，其由 PTC 电加热器元件、将加热器元件的热量传送到散热器的鼓风机以及 PTC 电加热器控制器等组成。因要求加热器耗能较高，所以，其电源使用的是动力蓄电池，而非辅助蓄电池。打开起动开关后，制热工作时 PTC 控制器根据来自空调面板的暖风请求信号以及温度传感器信号，发送信号给 VCU，VCU 根据上述信号及动力蓄电池信息，进行系统运算、逻辑分析，从而控制 PTC 电加热器工作，具有温度保护、过电流保护、欠电压保护和过电压保护等功能。

图 6-6　空调 PTC 电加热制热系统的组成示意图

PTC 电加热器是一种自控制温度加热器，电阻会随温度的升高而增加。当 PTC 电加热器通过一定的高压电（380V）时，PTC 电加热器会产生大量的热能，同时 PTC 电加热器的阻值会急剧上升。鼓风机的作用就是把 PTC 电加热器上的热量送至出风口。PTC 电加热器控制器是空调制热系统的控制中心，与 VCU 进行制热有关的信号传递，对 PTC 电加热器进行控制和保护。

3. 空调 PTC 电加热制热系统的控制原理

吉利帝豪 EV450 空调制热系统控制原理图如图 6-7 所示。

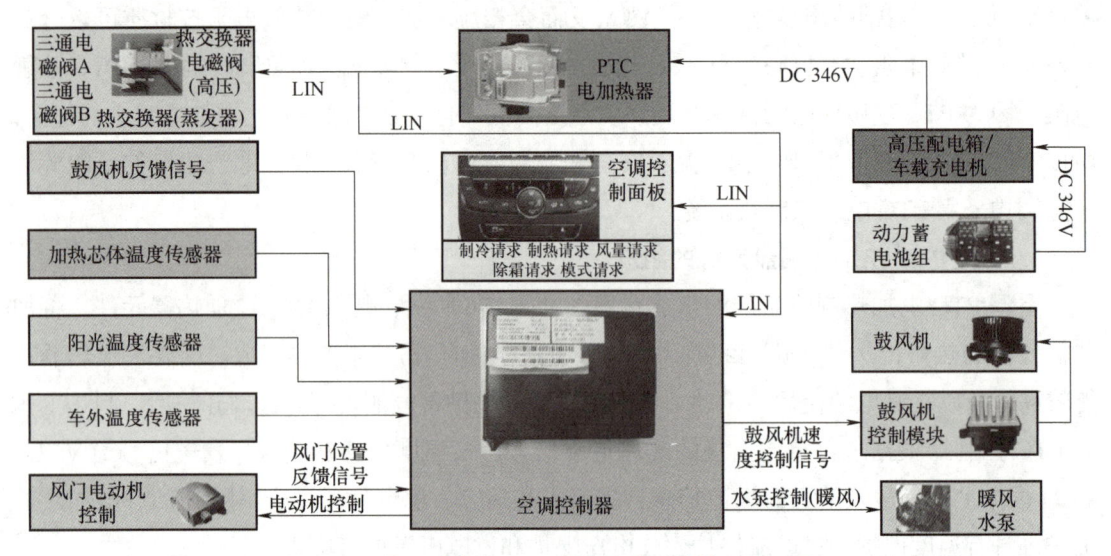

图 6-7 吉利帝豪 EV450 空调制热系统控制原理图

空调制热控制过程与制冷过程较为相似，通过信号输入单元检测汽车工作中的一些信息，并将其检测到的信息以相应的物理量信号由通信网络送到空调控制器，经分析、比较和运算等处理，再由执行器完成相应工作，以达到制热的效果。

二、空调制热系统常见故障分析

导致汽车空调制热不足或无法制热的故障原因相对较少，在诊断时应熟练掌握制热系统的工作原理，根据不同元件故障的特征，进行确认与排除。

空调制热系统常见的故障、可能的故障原因及其对应故障部位见表 6-5。

表 6-5 空调制热系统常见的故障、可能的故障原因及其对应故障部位

故障症状	可能的故障原因	可能对应的故障部位
出风模式调节不正常	前出风模式风门控制电动机不工作或工作不稳定	前出风模式风门控制电动机
	空调控制器工作异常	空调控制器
	出风模式调节电路故障	线束和插接器
用户侧温度调节不正常	用户侧空气混合控制电动机不工作或工作不稳定	用户侧空气混合控制电动机
	空调控制器工作异常	空调控制器
	用户侧温度调节电路故障	线束和插接器

(续)

故障症状	可能的故障原因	可能对应的故障部位
副用户侧温度调节不正常	副用户侧空气混合控制电动机不工作或工作不稳定	副用户侧空气混合控制电动机
	空调控制器工作异常	空调控制器
	副用户侧温度调节电路故障	线束和插接器
内外循环调节不正常	循环控制电动机不工作或工作不稳定	循环控制电动机
	空调控制器工作异常	空调控制器
	内外循环调节电路故障	线束和插接器
空调系统所有功能失效	高压配电电路故障	高压配电
	空调电动机驱动器故障	空调电动机驱动器
	空调控制器电源电路故障	空调控制器电源电路
	空调控制器故障	空调控制器
	信号传输不通畅	信号传输系统
	总控电路故障	线束和插接器
鼓风机不工作	鼓风机或控制电路故障	鼓风机回路
	空调控制器工作异常	空调控制器
后除霜失效	后窗电热丝断裂等	后除霜回路
	主控 ECU 工作异常	主控 ECU
	后除霜功能控制电路故障	线束和插接器
仅制热系统失效	PTC 制热功能失效	PTC 制热模块
	空调电动机或电动机驱动器损坏	空调电动机或电动机驱动器

【任务实施】

一、PTC 电加热器不工作或工作不正常故障分析

空调制热系统故障中的 PTC 电加热器不工作或工作不正常故障较为常见且影响巨大，需要对空调压缩机及控制系统进行检修，其主要故障原因及分析过程总结见表 6-6。

二、PTC 电加热器不工作故障诊断

1. 故障现象描述

客户的吉利帝豪 EV450，在开启空调制热功能后无明显制冷效果。车辆起动一段时间

后，打开空调制热开关，空调正常出风，待空调运行约 10min 后，发现车内温度无明显变化。随后开启空调制冷开关，发现该功能正常。

表 6-6 PTC 电加热器不工作或工作不正常故障分析

故障现象	故障原因	检测及排除措施
PTC 电加热器不工作，设置启动功能后仍为凉风	冷暖模式设置不正确	检查冷暖风模式设置
	PTC 电加热器本体断路	拔下高压附件线束，测量 PTC 电加热器高压正负极间电阻是否正常
	PTC 电加热器控制回路断路	拔下高压附件线束，测量 PTC 电加热器高压正负极间是否导通
	PTC 电加热器内部短路，烧毁高压熔丝	更换 PTC 电加热器及高压熔丝
PTC 电加热器过热	PTC 电加热器控制模块损坏，出现不能正常断开的问题	关闭制热功能，整车断电后检查 PTC 电加热器及 PTC 电加热器控制模块

2. 故障现象分析

PTC 电加热器不工作主要考虑 PTC 电加热器控制回路、高压熔丝及 PTC 本体是否出现故障。

3. 故障诊断过程

检查 PTC 电加热器及其控制电路，对问题元件和电路进行处理，具体故障诊断流程见表 6-7，任务工单见表 6-8。

表 6-7 PTC 电加热器不工作故障诊断流程

序号	操作示意图	操作方法	实测值	原因分析
1		车辆起动约 10min 后，打开空调制热功能	—	—
2		检查空调暖风设置是否正确	确认空调是否处于正确制热模式	模式设置不正确肯定会导致制热不正常
3	—	检查 PTC 电加热器控制回路	拔下高压附件线束，测量 PTC 电加热器高压正负极间是否导通	PTC 电加热器控制回路如果断开会导致 PTC 电加热器不能正常获取电能，无法产生热能，制热功能失效

(续)

序号	操作示意图	操作方法	实测值	原因分析
4		检查 PTC 电加热器的高压熔丝	在高压盒中找到 PTC 电加热器的高压熔丝并检查	当高压熔丝断开时，PTC 电加热器不能正常获取电能，无法产生热能，会导致制热功能失效。这种情况下需要更换熔丝，且进一步检查 PTC 电加热器是否短路
5		检查 PTC 电加热器本体	拔下高压附件线束，测量 PTC 电加热器高压正负极间电阻是否正常	当 PTC 电加热器正负极间电阻值为无穷大时，说明发生了内部断路现象；当电阻值接近于 0 时，说明发生了内部短路现象，这两种情况都需要更换 PTC 电加热器

表 6-8 任务工单

测试环节（请在以下区域填写或勾选）			
填写车辆信息	VIN		
	品牌		
车辆基本检查	车辆能否正常起动 □ 正常　□ 异常		
	空调制热系统是否工作正常： □ 正常　□ 异常		
故障现象 初步判定			

121

（续）

故障诊断过程记录		
步骤	诊断对象及检测项目	测量结果分析与下一次诊断对象
		测量结果分析： 下一次诊断对象：
		测量结果分析： 下一次诊断对象：
		测量结果分析： 下一次诊断对象：
诊断结论	确认故障点	
^	故障排除方法	

【任务评价与考核】

任务名称		空调制热系统的故障诊断		
姓名			组别	
授课地点			学时	
学习态度（20分）				
序号	考核点		配分	得分
1	出勤		5	
2	课堂纪律		5	
3	6S 管理		6	
4	劳动		4	
技能掌握（80分）				
序号	考核点		配分	得分
1	检查暖风设置		10	
2	检查 PTC 电加热器控制回路		20	
3	检查 PTC 电加热器高压熔丝		20	
4	检查 PTC 电加热器本体		30	
	总分		100	

【课后测评】

通过本任务的学习，同学们能否尝试着优化一下诊断流程。

项目七

整车控制系统的故障诊断

本项目主要学习新能源汽车整车控制系统的故障诊断，设立了 1 个任务：整车控制系统常见故障诊断。

通过任务学习，学生能够根据整车控制系统的故障现象分析故障原因，会运用专用工具进行整车控制系统的常见故障诊断。

任务　整车控制系统常见故障诊断

【学习目标】

知识目标
1. 能够说出整车控制系统的结构。
2. 能够正确描述出整车控制系统的功能和作用。
3. 能够正确描述整车控制系统的工作过程。

技能目标
1. 具有根据整车控制系统故障现象分析故障原因的能力。
2. 具有运用专用工具进行整车控制系统常见故障诊断的能力。

素养目标
培养学生团队协作的意识，提升职业素养。

项目七 整车控制系统的故障诊断

【任务导入】

车辆进厂后,机电维修技师对车辆进行故障确认。操作起动按钮后发现仪表出现相应的故障指示灯"动力系统故障指示灯"和故障提示信息"请检查动力系统",其中包括"OK"灯未点亮。

【任务准备】

安全防护:做好车辆安全防护与隔离(车内外三件套、车轮挡块、警示隔离带等)。
工具设备:数字万用表、绝缘防护用品、绝缘工具套装、常规工具套装。
实训车辆:比亚迪 e5 纯电动汽车整车。
辅助工具及资料:BDS 故障诊断仪、比亚迪 e5 维修手册 1 份。

【知识准备】

一、整车控制系统概述

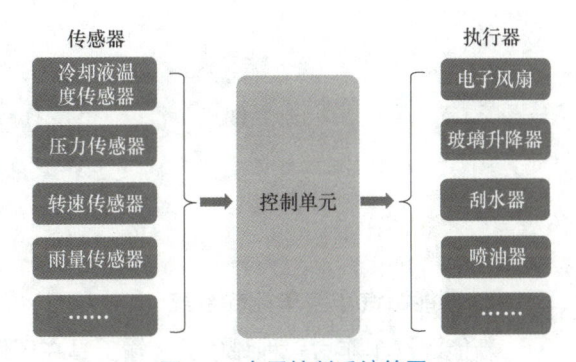

1. 电子控制系统

(1) 电子控制系统三要素　车辆电子控制系统一般由传感器、执行器和控制单元三部分组成。传感器采集信息并转换成电信号发送给控制单元,控制单元再根据传感器的信息进行运算、处理和决策,并向执行器发送控制指令,以完成某项控制功能,图 7-1 所示为电子控制系统简图。

图 7-1 电子控制系统简图

(2) 多个电子控制系统的组成　新能源汽车上主要有四种电子控制系统,包括底盘控制系统、发动机控制系统(混合动力车型)、车身电气控制系统、高压电控制系统(三大电)。四种电子控制系统里面又各自有自己的子系统,例如高压电控制系统里面包括了电机控制系统、BMS 和电控系统三大电系统。当系统中有两个控制系统且两个控制系统需要相互通信时,可以通过 CAN(Controller Area Network)总线将两个控制系统连接起来,如图 7-2 所示。

汽车电子控制系统是由多个子系统组合而成的系统,所以当系统中有多个控制系统且控制系统之间有通信需求时,多个控制系统可以连接在 CAN 总线上实现控制系统之间的信息通信,如图 7-3 所示。在传统汽车控制系统中,这些控制系统是对等的,没有主次之分。在新能源汽车控制系统中，一般会有一个控制器，如 VCU 除了完成自身一些控制功能外，还肩负着整个控制系统的管理和协调功能。

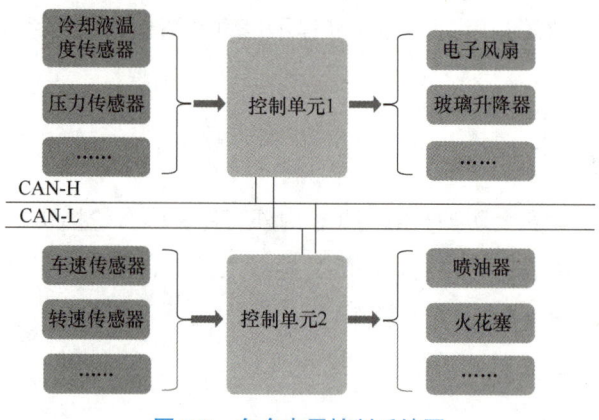

图 7-2 多个电子控制系统图

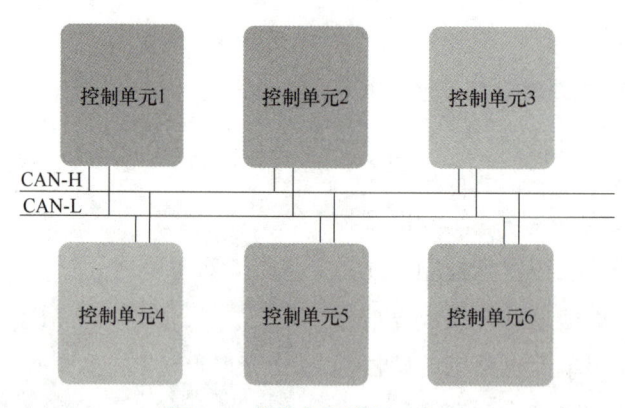

图 7-3 汽车电子控制系统图

2. 新能源汽车整车控制系统

新能源汽车作为一种绿色的运输工具在环保、节能以及驾驶性能等方面具有诸多内燃机汽车无法比拟的优点，为了满足整车动力性、经济性、安全性和舒适性的目标，一方面，必须具有智能化的人车交互接口，另一方面，各系统还必须彼此协作，优化匹配，这项任务需要由控制系统来完成，多数车型采用 VCU 来完成此项任务。

（1）整车控制系统拓扑图 新能源汽车整车控制系统是基于 CAN 总线的多个控制系统的集成系统，以 VCU 为管理核心，实现电池管理控制、电机控制、空调控制、电动助力转向控制、制动控制等。主要控制系统均连接在新能源 CAN 总线上，实现控制系统之间的信息交互，如图 7-4 所示。系统程序需要更新时，CAN 总线与 VCU 进行通信，利用专用仪器对程序进行更新（刷程序）。

（2）车辆动力 CAN 网络系统 在图 7-4 的网络系统中有多个类型的网络，包括了充电子网系统、动力网络系统、底盘网络系统、舒适网络系统等，它们彼此之间通过网关单元（Gateway）进行信息交互。

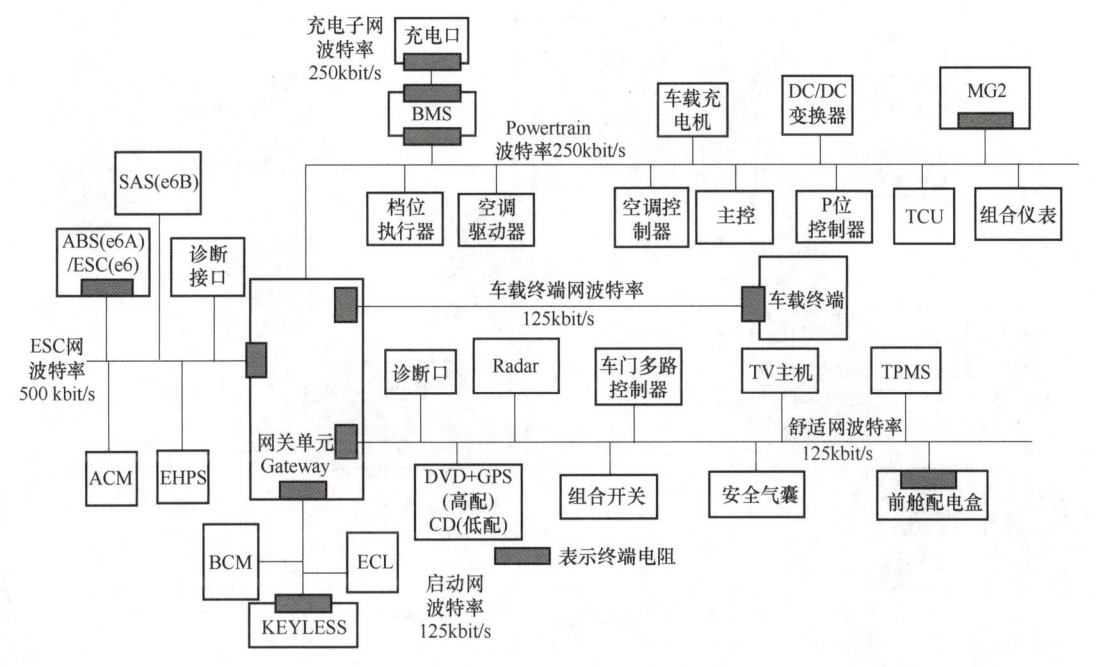

图 7-4 整车控制系统拓扑图

二、整车控制系统的组成和功能

1. 整车控制系统的组成

纯电动汽车的整车控制系统一般包含低压电器控制系统、高压电器控制系统和整车网络控制系统三部分。图 7-5 所示为控制系统框图。

高压电器控制系统主要由动力蓄电池、驱动电机、空调压缩机、PTC 电加热器和功率转换器等大功率、高压的电气设备组成，根据车辆行驶的功率需求完成从动力蓄电池到驱动电机的能量变换与传输过程。

整车网络控制系统主要包括 VCU、电机控制器、BMS、车身控制管理系统、信息显示系统和通信系统等。VCU 是整车控制系统的核心，通过网络通信系统实现了数据处理的目的。目前，常用的通信协议是 CAN 协议，具有较好的可靠性、实时性和灵活性。整车控制系统必须具有可靠性、容错性、电磁兼容性和环境适应性等，以保障纯电动汽车整车的安全和可靠运行。

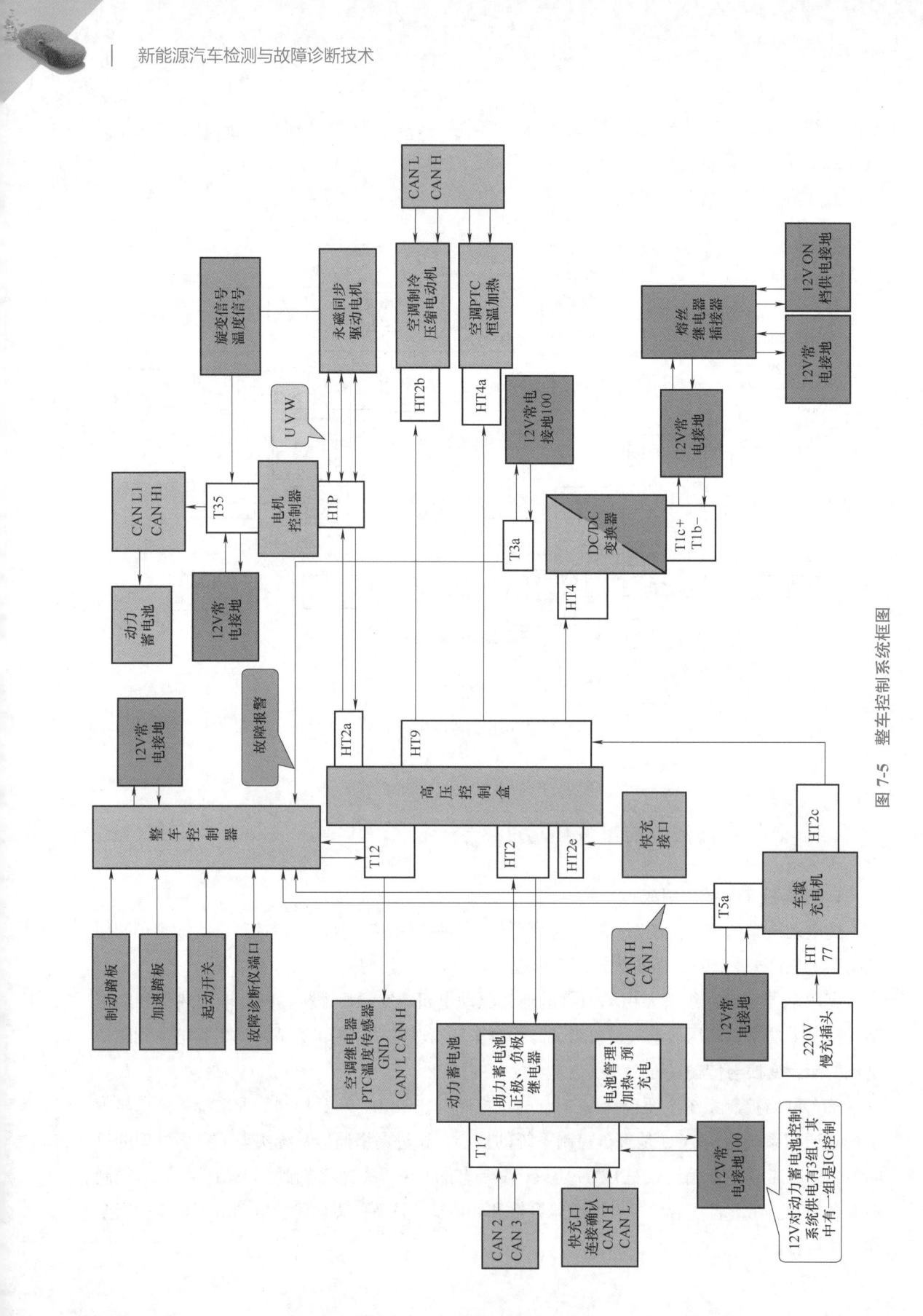

图 7-5 整车控制系统框图

2. 整车控制系统的高压电器控制系统

图 7-6 所示为整车控制系统的高压电器控制系统，其包括电机控制器、驱动电机、动力蓄电池、高压配电盒、空调压缩机、PTC 电加热器、DC/DC 变换器和车载充电机等高压部件。

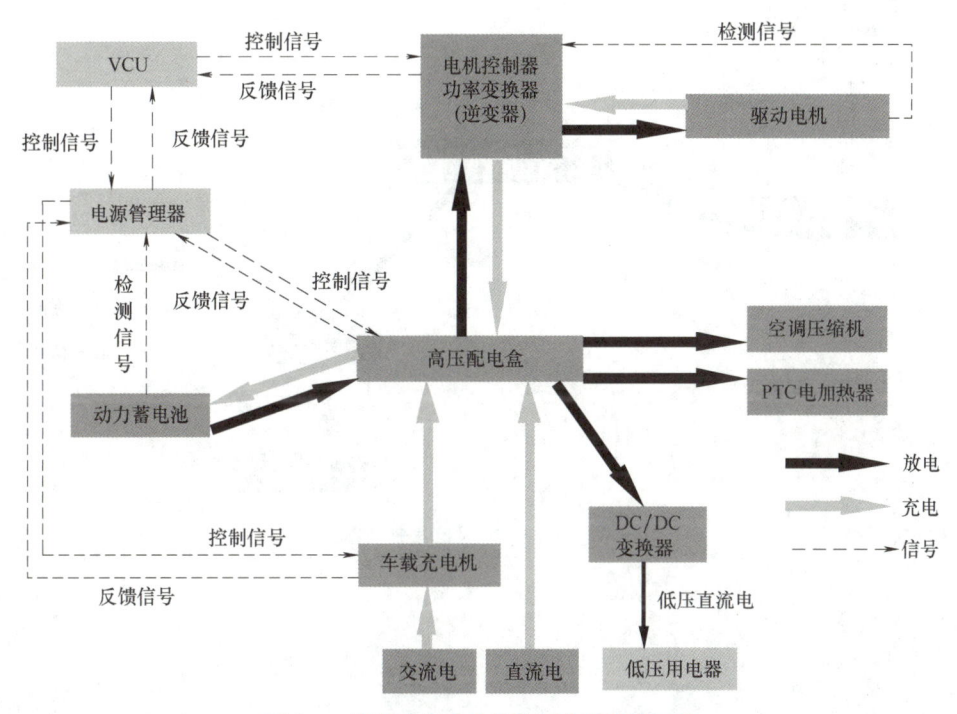

图 7-6 整车控制系统的高压电器控制系统

（1）整车高压上电控制　当车辆起动后，相关控制单元接通高压直流电的继电器，从而接通高压直流电路，当系统检测高压系统正常时，仪表上的"OK"灯或者"READY"灯点亮，如图 7-7 所示，表示车辆高压系统正常，上电完成。此时，高压直流电从动力蓄电池经高压配电盒分配后输送到相关的高压部件，进入工作准备状态，如图 7-8 所示。

图 7-7 车辆高压系统正常图

图 7-9 所示为比亚迪 e5 继电器电路图，继电器一般安装在高压配电盒里面（有些车型集成在动力蓄电池总成里面），如图 7-10 所示。在整车高压上电时，先接通动力蓄电池的分压继电器，然后预充继电器接通，再接通主负继电器，此时完成预充电流程，接下来接通主正继电器，并断开预充继电器，这三个接触的动作基本上在同一时间进行，整车高压上电完成。

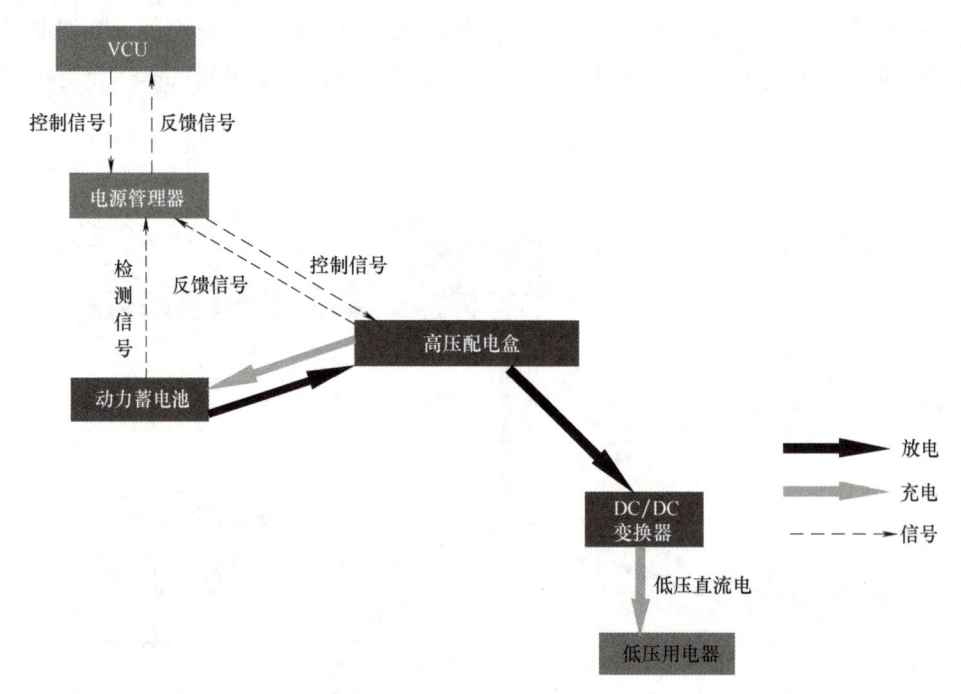

图 7-8 上电时参与部件

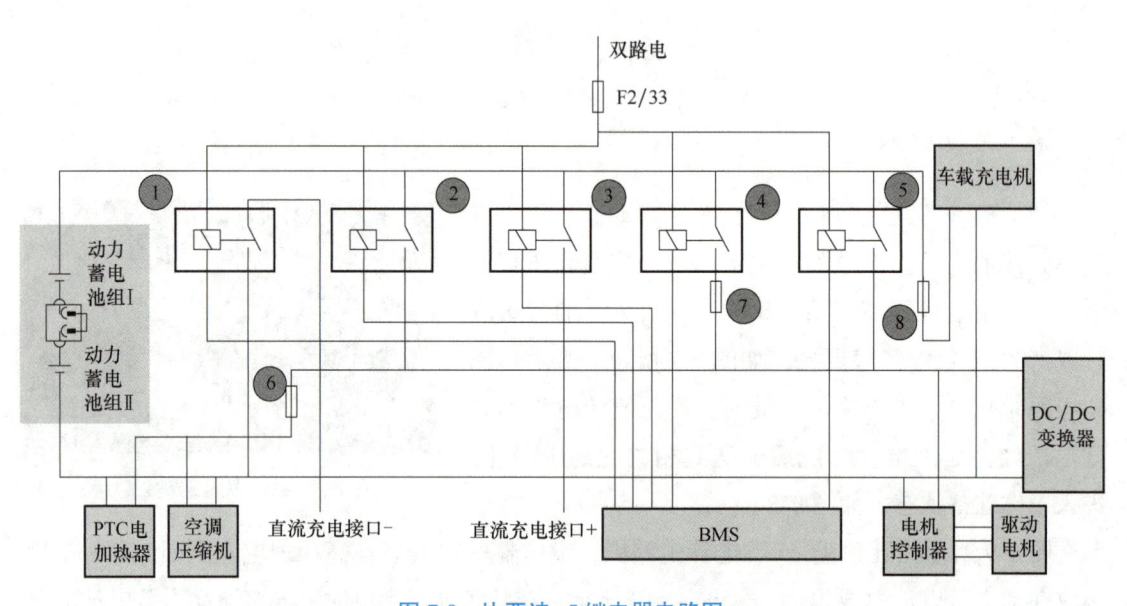

图 7-9 比亚迪 e5 继电器电路图
1—直流充电继电器 2—交流充电继电器 3—直流充电继电器 4—预充继电器
5—主继电器 6—压缩机熔丝 7—预充电阻 8—车载充电机熔丝

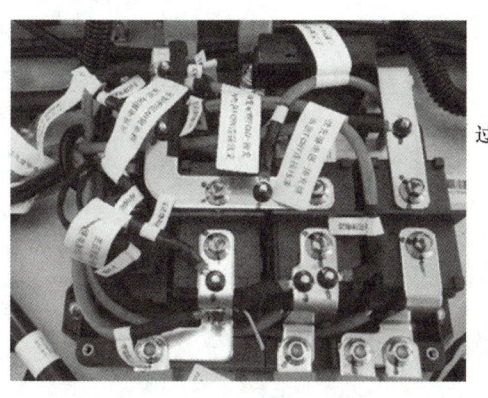

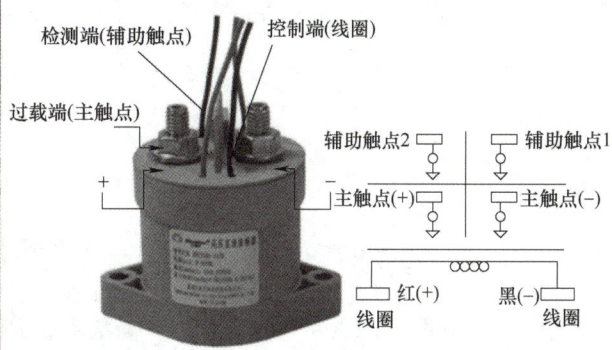

图 7-10 继电器

在进行高压上电时,如果没有预充回路,当主继电器接合时,高压系统就接通,直接形成高压回路。动力蓄电池的电压经由高压正极母线施加到继电器开关的一端,继电器开关另一端与电容 C 连接,由于动力蓄电池的电压较高(车型不同,电压值不同),而电容 C 的电压差不多为 0,此时相当于电路出现短路现象,开关端的负载电阻只有导线电阻和继电器的触点电阻,阻值小,根据欧姆定律,可得出其产生的电流能达上万安培,很容易导致继电器或者其他高压部件的损坏。

预充电回路的作用就是避免上电过程的大电流冲击,保护继电器及高压器件。预充电回路就是在继电器两端再并联一个电阻 R 及预充继电器,当整车高压上电时,先闭合预充继电器,由于有电阻 R 的存在,电流较小,逐渐给电容 C 充电,电容电压上升,当电容电压与电池电压差不多时(一般压差在 90% 左右),再闭合主继电器,之后断开预充继电器。此时,高压电施加到相应的高压部件上,进入相应的工作状态。

(2) 电驱动系统 图 7-11 所示为新能源汽车的驱动系统框图。当车辆行驶时,VCU 收到加速踏板的信号,从而判断整车工作模式(如起步、加速、减速、匀速行驶等),将控制信号发送给电机控制器,电机控制器将从高压配电盒输送过来的高压直流电逆变为高压交流电,输送到驱动电机,完成相应的工作模式。驱动电机上旋转变压器检测驱动电机的相关信号,并由电机控制器收集这些信号,判断驱动电机的工作状态,通过内部处理后将反馈信号输送给 VCU。

三、VCU 及低压电器控制系统

1. VCU

VCU 是整个电动汽车的核心控制部件,它通过采集加速踏板信号、制动踏板信号及其他部件信号,进行相应的判断,然后控制各部件控制器动作,实现电动汽车的正常行驶和各种功能的使用。VCU 通过 CAN 总线与相关部件控制器交换信息并对当前车辆运行状态进行管理、调度。例如 VCU 通过采集踏板信号对驾驶人意图进行解读，然后针对车辆的不同配置，进行相应的能量管理，通过 CAN 总线将控制指令传递给电机控制器，实现整车驱动及相应部件的控制。

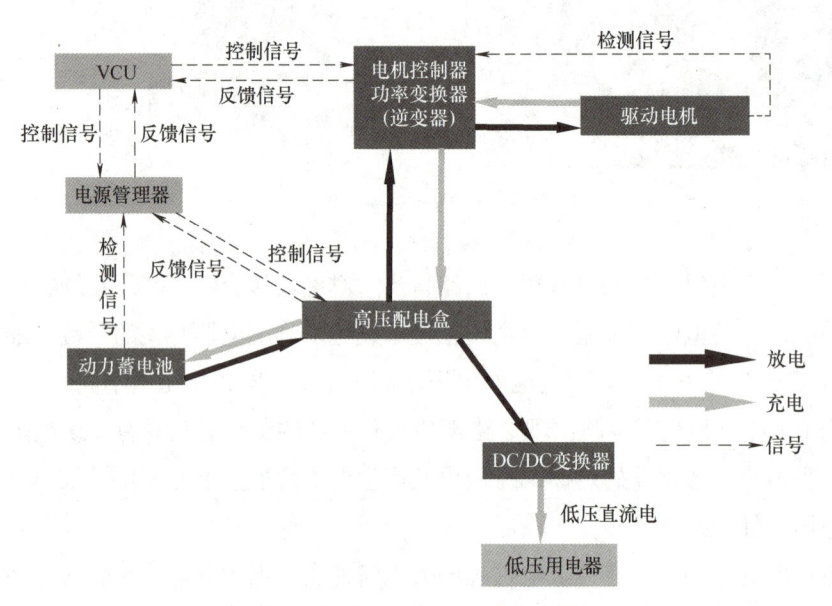

图 7-11　新能源汽车的驱动系统框图

纯电动汽车整车控制系统采用了集中控制与分布式处理相结合的车辆控制系统结构，各部件都有独立的控制器，VCU 对整个系统集中进行能量管理及各部件的协调控制。为满足系统数据交换量大，实时性、可靠性要求高的特点，整个分布式控制系统之间采用 CAN 总线进行通信。图 7-12 所示为北汽车型的整车控制原理图。

2. VCU 的监测与控制功能

纯电动汽车 VCU 的主要功能包括整车控制模式判断和驱动控制、整车能量优化管理、整车通信网络管理、制动能量回馈控制、故障诊断和处理、车辆状态监测与显示和远程控制等，VCU 功能框图如图 7-13 所示。整车通过 CAN 总线和 I/O 端口来获得如节气门开度、电池 SOC、车速等信息，并根据这些信息输出不同的控制动作。

(1) 整车控制模式判断和驱动控制　VCU 通过车辆相关系统的各种状态信息（起动开关、充电信号、加速/制动踏板信号、当前车速和整车是否有故障信息等）来判断当前需要的整车工作模式（充电模式和行驶模式），然后根据当前的参数和状态及前一段时间的参数及状态，算出当前车辆的转矩能力，按当前车辆需要的转矩，计算出合理的最终实际输出的转矩。例如，当驾驶人踩下加速踏板时，VCU 向电机控制单元发送驱动电机输出转矩信号，电机控制系统控制驱动电机按照驾驶人的意图输出转矩。

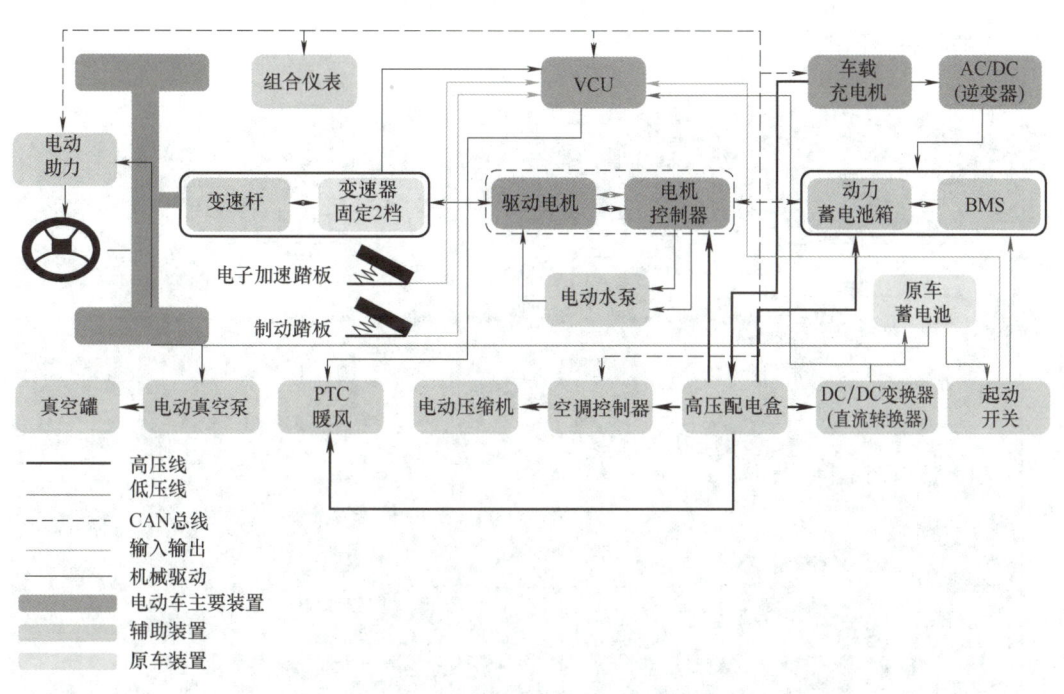

图 7-12　北汽车型的整车控制原理图

（2）**整车能量优化管理**　纯电动汽车有很多用电设备，包括驱动电机和空调设备等。VCU 可以对能量进行合理优化，来提高纯电动汽车的续驶里程。例如，当动力蓄电池电量较低时，VCU 发送控制指令关闭部分起辅助作用的电气设备，将电能优先保证车辆的安全行驶。

（3）**整车通信网络管理**　在整车的网络管理中，VCU 是信息控制的中心，负责信息的组织与传输、网络状态的监控、网络节点的管理、信息优先权的动态分配以及网络故障的诊断与处理等功能。通过 CAN 总线协调 BMS、电机控制器、空调系统等模块相互通信，如图 7-14 所示。

图 7-13　VCU 功能框图

（4）**制动能量回馈控制**　纯电动汽车的驱动电机可以工作在再生制动状态，对制动能量进行回收是纯电动汽车和传统能源汽车的重要区别。VCU 根据行驶速度、驾驶人制动意图和动力蓄电池状态（如电池 SOC 值）进行综合判断后，对制动能量回馈进行控制。如果达到回收制动能量的条件，VCU 向电机控制器发送控制指令，使驱动电机工作在发电状态，将部分制动能量储存在动力蓄电池中，提高车辆能量利用效率。图 7-15 所示为制动能量回收时仪表的状态显示图。

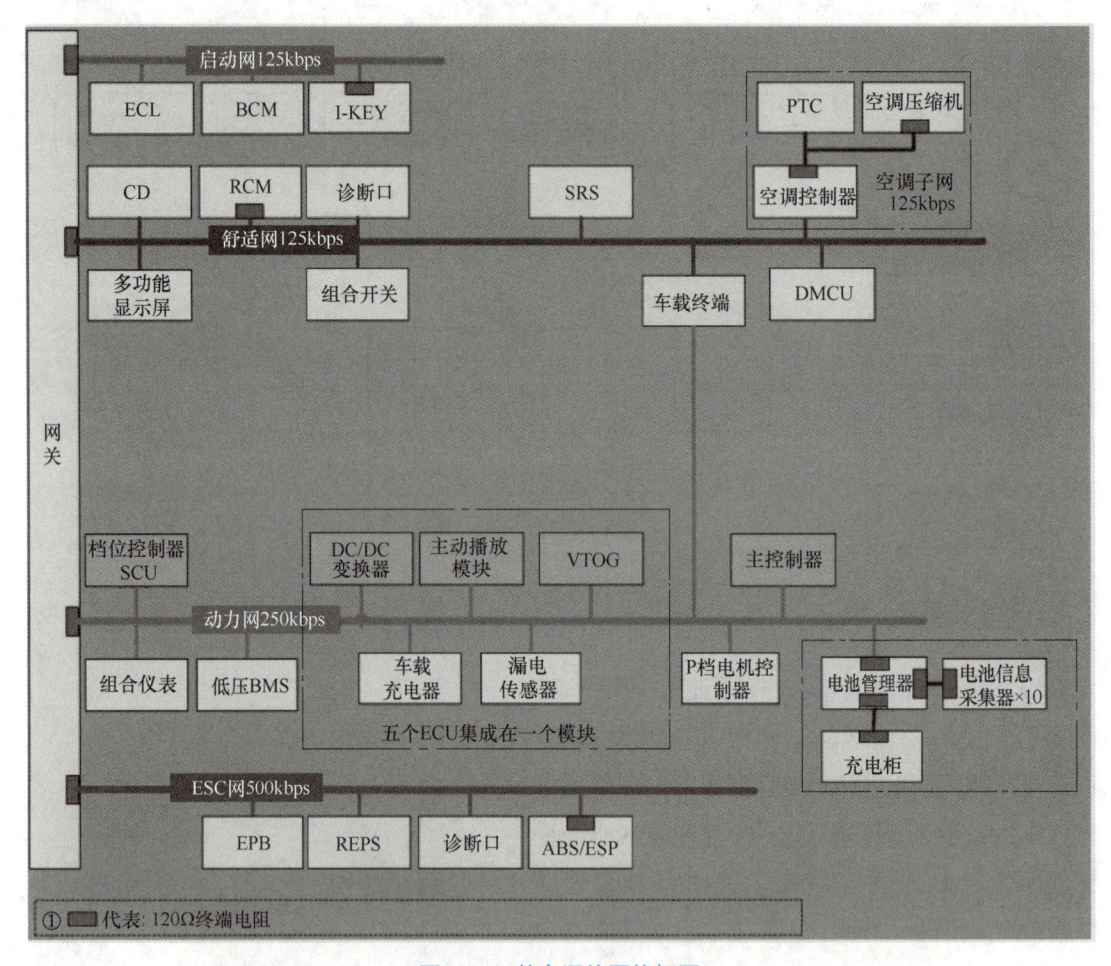

图 7-14 整车通信网络框图

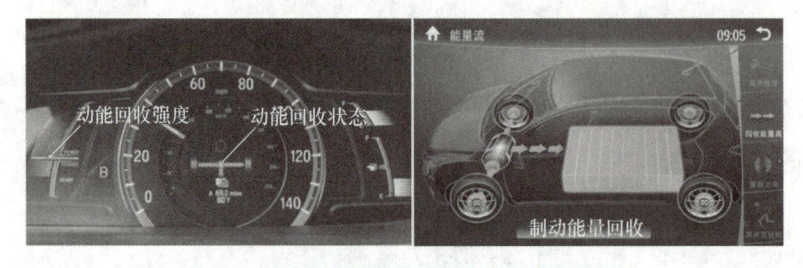

图 7-15 制动能量回收时仪表的状态显示图

（5）故障诊断和处理　连续监视整车电控系统，进行故障诊断，并及时进行相应安全保护处理。根据传感器的输入及其他通过 CAN 总线通信得到的驱动电机、动力蓄电池、充电机等的信息，对各种故障进行判断、等级分类、报警显示，储存故障码供维修时查看。故障指示灯指示出故障类型和部分故障码，对于不太严重的故障，能做到"跛行回家"。图 7-16 所示为故障分级图。

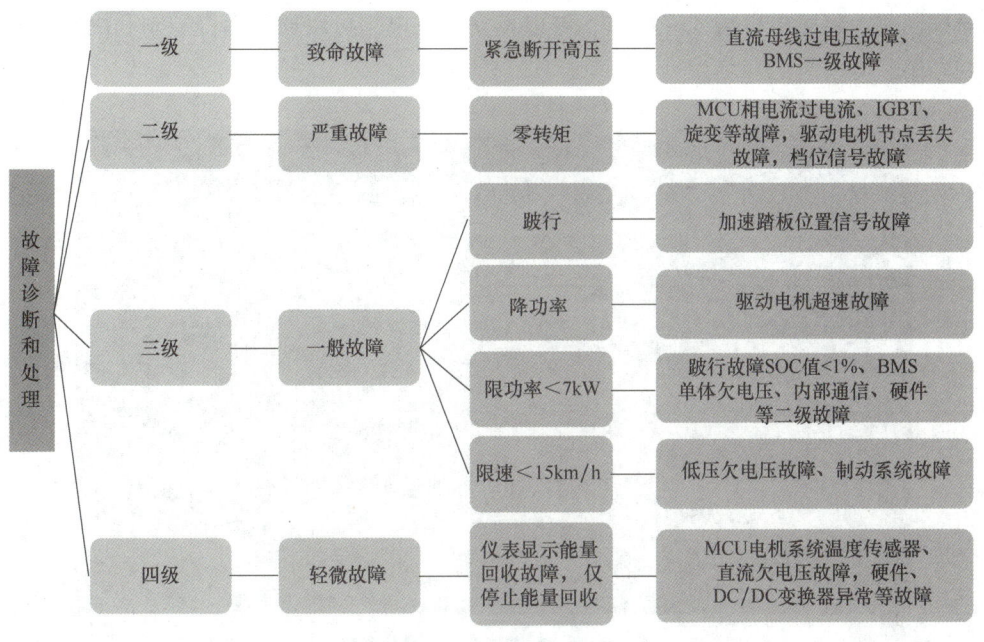

图 7-16 故障分级图

（6）车辆状态监测和显示　VCU 能够对车辆的状态进行实时检测，并且将各个子系统的信息发送给车载信息显示系统，其过程是通过传感器和 CAN 总线，监测车辆状态，将状态信息和故障诊断信息通过数字仪表显示出来，显示内容包括车速、里程、驱动电机的转速、温度、动力蓄电池的电量、电压、电流和故障信息等。图 7-17 所示为车辆状态显示图。

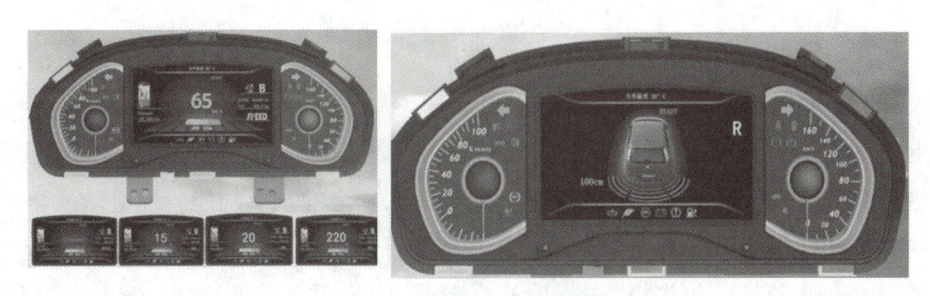

图 7-17 车辆状态显示图

（7）远程控制　某些纯电动汽车具有便捷的远程控制功能，主要包括远程查询功能、远程空调控制和远程充电控制。用户可以通过手机 App 进行远程控制。远程查询功能：用户可以通过收集 App 实时查询车辆状态，包括蓄电池 SOC 值、续驶里程、空调状态和动力蓄电池温度等，图 7-18 所示为车辆远程查询功能图。

远程空调控制：在夏季或冬季，用户可以在使用车辆前通过手机 App 实现车辆空调系统远程控制，包括空调制冷、空调制热和除霜等功能，如图 7-19 所示；远程充电控制：用户离开车辆时，将充电枪插入充电桩，可以不立即充电，可以通过远程控制利用电价波谷进行充电操作。

图 7-18　车辆远程查询功能图

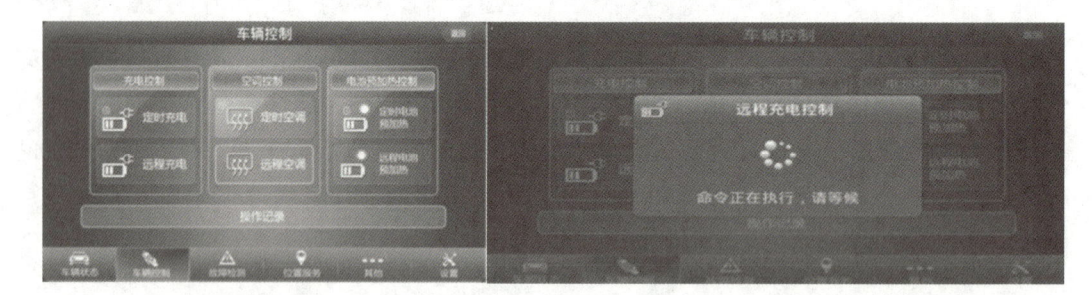

图 7-19　车辆远程操作功能图

3. VCU 的保护功能

纯电动汽车 VCU 的保护功能主要是从系统控制层面对关系到车辆及驾驶人安全的功能、故障等进行有效处理，是保障车辆正常运行及驾驶人安全的重要功能。纯电动汽车 VCU 能够完成的保护功能主要可分为功能类保护和故障类保护两大类。功能类保护主要是指 VCU 对关系到车辆行驶安全的功能能够进行妥善的控制，如防溜车功能控制、充电过程保护控制等；故障类保护是指 VCU 对车辆运行状态进行实时诊断，对出现的故障进行预警及应急处理，以保证整车在安全要求范围内的可使用性。

（1）防溜车功能控制　当车辆在坡道上起步时，驾驶人从松开制动踏板到踩下加速踏板的过程中，可能会出现向后溜车的现象。此外，车辆在坡道上行驶时，如果驾驶人踩下加速踏板的深度不够，导致驱动力不足，车辆会出现车速逐渐降到 0 然后向后溜车的现象。溜车现象产生的最主要原因是车辆驱动力不足以克服车辆在坡道上受到的上坡阻力。为了防止车辆在坡道上向后溜车，在纯电动汽车整车控制策略中需要增加防溜车控制功能。

VCU 首先判断车辆是否允许进行防溜车控制，并对电机控制器输出转矩与车速状态进行对比判断，当发现车辆出现溜车现象时，VCU 将命令电机控制器适当加大驱动电机的转矩，从而控制整车车速，以防止溜车现象的出现。防溜车控制功能可以保证整车在坡上起步时，向后溜车距离小于 10cm；整车在上坡行驶过程中如果动力不足时，整车车速会慢慢降到 0，然后保持 0 车速，不再向后溜车。其控制流程如图 7-20 所示。

（2）充电过程保护控制　在为动力蓄电池充电时，VCU 将与 BMS 共同进行充电过程中的充电功率控制。VCU 在此处的主要功能是：在接收到充电信号后，禁止整车高压系统上电，以保证车辆在充电状态下处于行驶锁止状态。

此外，VCU 将实时监控动力蓄电池状态信息，配合 BMS 合理控制充电功率，以保护动力蓄电池，避免出现过充电现象。对应于充电过程对动力蓄电池的保护控制，在车辆实际运行过程中，VCU 也将实时监控动力蓄电池状态信息，以避免动力蓄电池出现过放电现象。

（3）高压上下电保护控制　在驾驶人使用车辆过程中，VCU 将根据驾驶人对起动开关的操作，进行动力蓄电池高压继电器的开关控制，完成高压设备电源通断和预充电控制。这样能够做到当整车只有低压用电需求时，高压系统处于断电状态，以保护用电器及人员的安全。

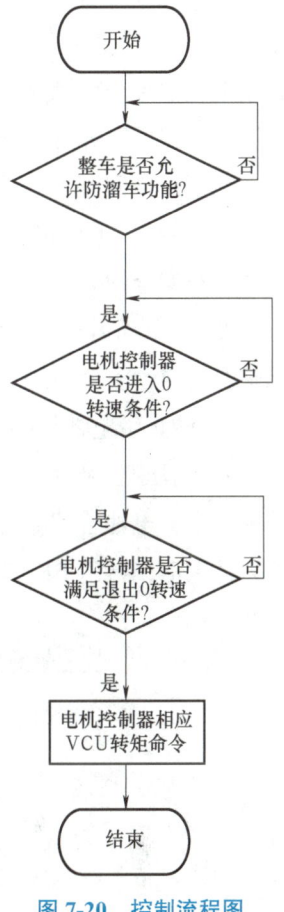

图 7-20　控制流程图

此外，VCU 还将根据各用电器的用电需求，协调控制各相关部件的上电与下电流程，包括电机控制器、BMS 等部件的供电以及预充电继电器、主继电器的吸合和断开时间等。有序的上下电流程能够保证高压系统的稳定工作，并避免高压上下电的瞬时电流过大导致用电设备损坏。

（4）故障保护功能控制　在车辆上电后，无论车辆处于静止状态还是运行状态，VCU 都将连续监视整车电控系统，对系统实时出现的故障进行诊断，并及时进行相应的安全保护处理。根据传感器的输入信号及其他通过 CAN 总线通信得到的驱动电机、动力蓄电池、车载充电机等状态信息，对各种故障进行判断、等级分类、报警显示，并实时储存故障码，供维修时查看。

通过对故障进行分级处理，能够有效保证车辆的正常运行和整车安全。VCU 通过显示系统，能够对于各级故障进行显示，提醒驾驶人及时处理。如当空调压缩机电流过大时，VCU 将断开空调压缩机供电电路，以对空调系统进行保护；在进行车辆换档控制时，当 VCU 检测到驾驶人换档误操作时，将不解读驾驶人的换档意图，同时会通过仪表等提示驾驶人，使驾驶人能迅速做出纠正。

（5）高压互锁功能

1）高压互锁功能概述。高压互锁回路简称为 HVIL（High Voltage Interlock Loop），是利用电气信号来检测整个高压系统包括导线、插接器及护盖在内的电气完整性和连续性，并能够在互锁回路异常断开时，及时断开高压电。

高压互锁回路具体功能如下：

① 在高压上电前，确保整车高压系统的完整性，使高压处于一个封闭的环境下工作，提高整车安全性。

② 在车辆运行过程中，若高压系统回路断开或者完整性受到破坏时，高压互锁装置需能够及时启动安全防护。

③ 防止带电插拔高压插接器对高压端子造成拉弧损坏。

2）高压互锁回路。图 7-21 所示为 2015 款比亚迪 e5 的高压互锁信号回路。在此高压互锁回路中，电池管理器 BK45（A）/1 输出一个 PWM 信号，经过部件 PTC、高压电控总成、动力蓄电池，再由 BK45（B）/7 输入电池管理器，完成整个互锁回路的监测。

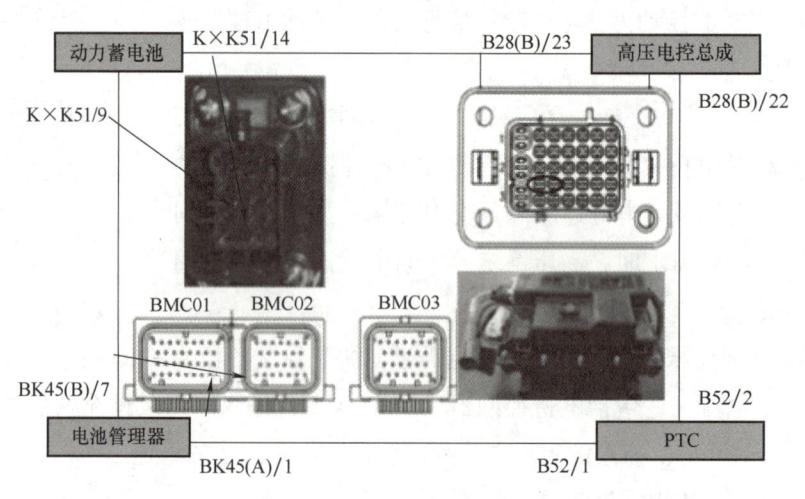

图 7-21　2015 款比亚迪 e5 的高压互锁信号回路

图 7-22 所示为 2018 款比亚迪 e5 的高压互锁信号回路。在此高压互锁信号回路中，可以看出该款车型的高压互锁有两条回路，在第一条回路中，由 BMS 的 BK45（B）/4 号端子输出 PWM 信号，流经动力蓄电池的 BK51/30 端子，信号进入动力蓄电池后，由 BK51/29 端子输出后，由 B74/12 端子进入充配电总成，再由充配电总成的 B74/13 输出，经 BK45（B）/5 进入 BMS，从而完成互锁信号回路的监测。在第二条回路中，由 BMS 的 BK45（B）/10 端子输出 PWM 信号，流经 B74/14 端子进入充配电总成，再通过充配电总成的 B74/15 端子输出到 BK45（B）/11 进入 BMS，从而完成互锁信号回路的监测。高压部件插接器中互锁结构如图 7-23 所示。

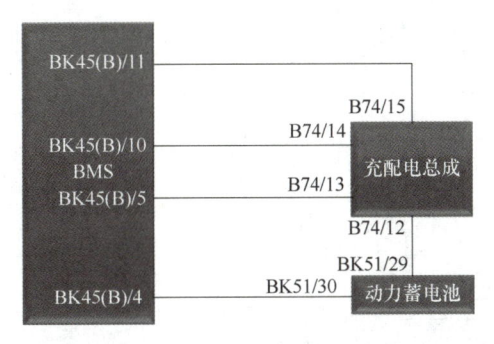

图 7-22　2018 款比亚迪 e5 的高压互锁信号回路

图 7-23　高压部件插接器中互锁结构

高压部件插接器的低压互锁端子要比高压导线端子短，其效果图如图 7-24 所示，这样能够在带电情况下对连接进行插拔作业时（注意，在带电情况下严禁对插接器进行插拔作业）有效保护高压系统电路及部件。

图 7-25 所示为北汽 EV160 的高压互锁信号回路。从图中可以得知，该款车型的高压互锁有四条回路，分别为维修开关 MSD 低压互锁线，动力蓄电池高压插件低压互锁线，电机控制器 U、V、W 高压插件低压互锁线，其他高压部件低压互锁线。

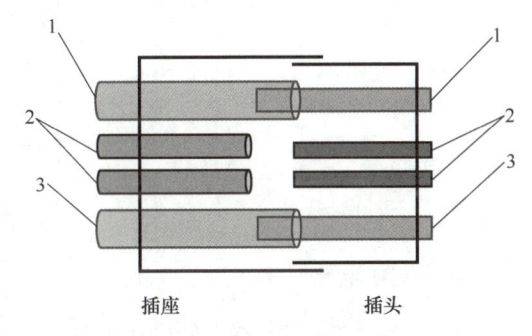

图 7-24　高压部件插接器原理图
1—高压正极导线端子　2—低压互锁导线端子
3—高压负极导线端子

其他高压部件低压互锁线通过一根低压导线将 VCU、空调压缩机、车载充电机、高压控制盒盒盖开关、高压控制盒上所有高压插件、DC/DC 变换器、PTC 电加热器串联在一起，低压互锁线的 12V 电压来自 VCU 内部，低压互锁线经 PTC 电加热器后搭铁形成封闭回路。当高压回路所有插件连接完好，VCU 内部检测电压 VS=0，高压回路完整；当高压回路内某一个插件没有连接好，VCU 内部检测电压 VS=2V，高压回路不完整，此时 VCU 切断高压供电回路，禁止动力蓄电池对外供电。互锁回路还包括了用于检测高压部件盖板是否可靠关闭的行程开关。

（6）碰撞保护功能　当车辆发生碰撞，控制单元检测到碰撞信号大于一定阈值时，会切断高压系统主回路的电气连接，同时电机控制器激活主动泄放，从而使发生碰撞时的短路危险、人员电击危险降到最低（泄放包括主动泄放和被动泄放）。

电机控制器中含有主动泄放回路，当检测到车辆发生较大碰撞、高压回路中某处接插件存在拔开状态，或含有高压的高压电控产品存在开盖情况，可在 5s 内将高压回路直流母线电压泄放到 60V 以下，迅速释放危险电能，最大限度保证人员安全。

在含有主动泄放的同时，电机控制器、空调驱动控制器等内部含有高压的高压电控产品同时设计有被动泄放回路，可在 2min 内将高压回路直流母线电压泄放到 60V 以下，被动泄放作为主动泄放失效的二重保护。

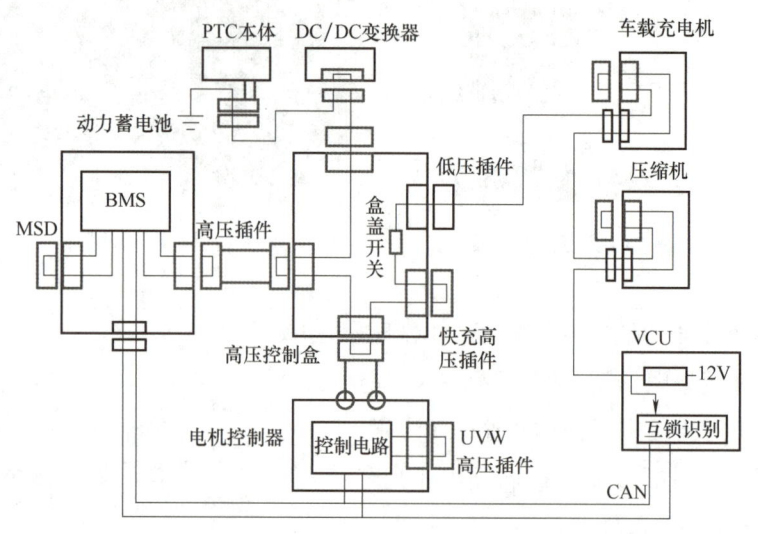

图 7-25　北汽 EV160 的高压互锁信号回路

4. VCU 电路

2018 款比亚迪 e5 纯电动汽车的整车控制原理图如图 7-26 所示。从图中可以得出，加速踏板信号、制动踏板信号、压力传感器信号、无级风扇控制信号、碰撞信号、制动信号等信号输入 VCU，VCU 再通过 CAN 网络系统与其他控制单元进行信息的交互，从而实现对车辆的控制。

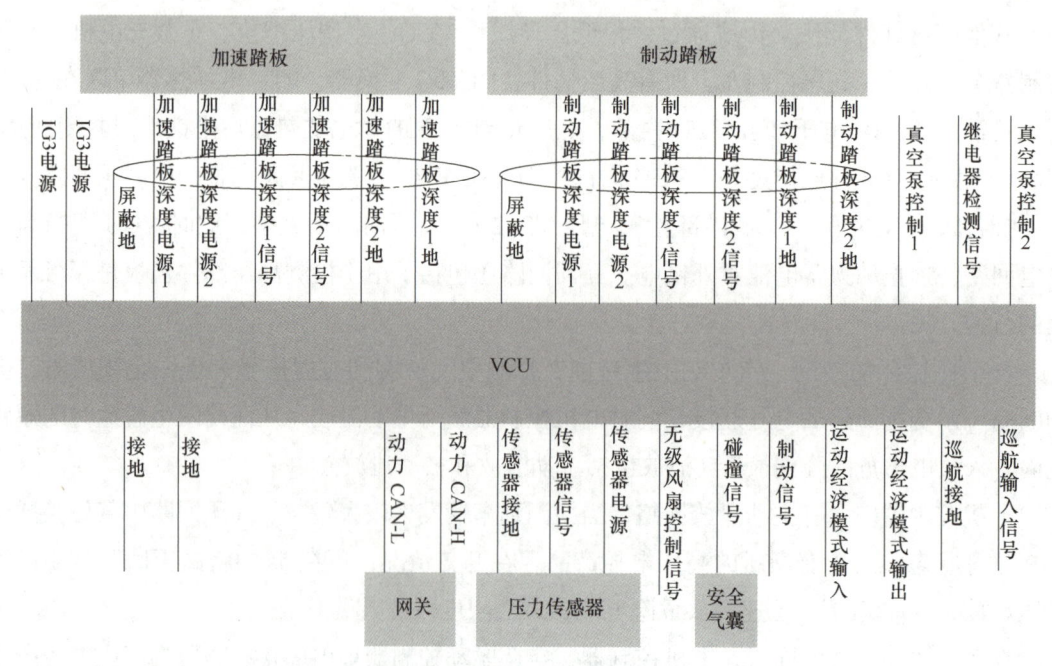

图 7-26　2018 款比亚迪 e5 纯电动汽车的整车控制原理图

【任务实施】

一、整车控制系统故障分析

当仪表出现整车故障时，可以参考图 7-27 的故障诊断流程进行排除。先确认车辆故障，再观察车辆的故障现象，通过故障现象包括仪表故障指示灯、仪表提示信息、车辆状态等，初步判断故障范围；读取故障码、数据流和冻结帧，从获得的相关数据进行下一步的分析判断，记录相关信息后，尝试清除故障，观察故障是否重新再现。

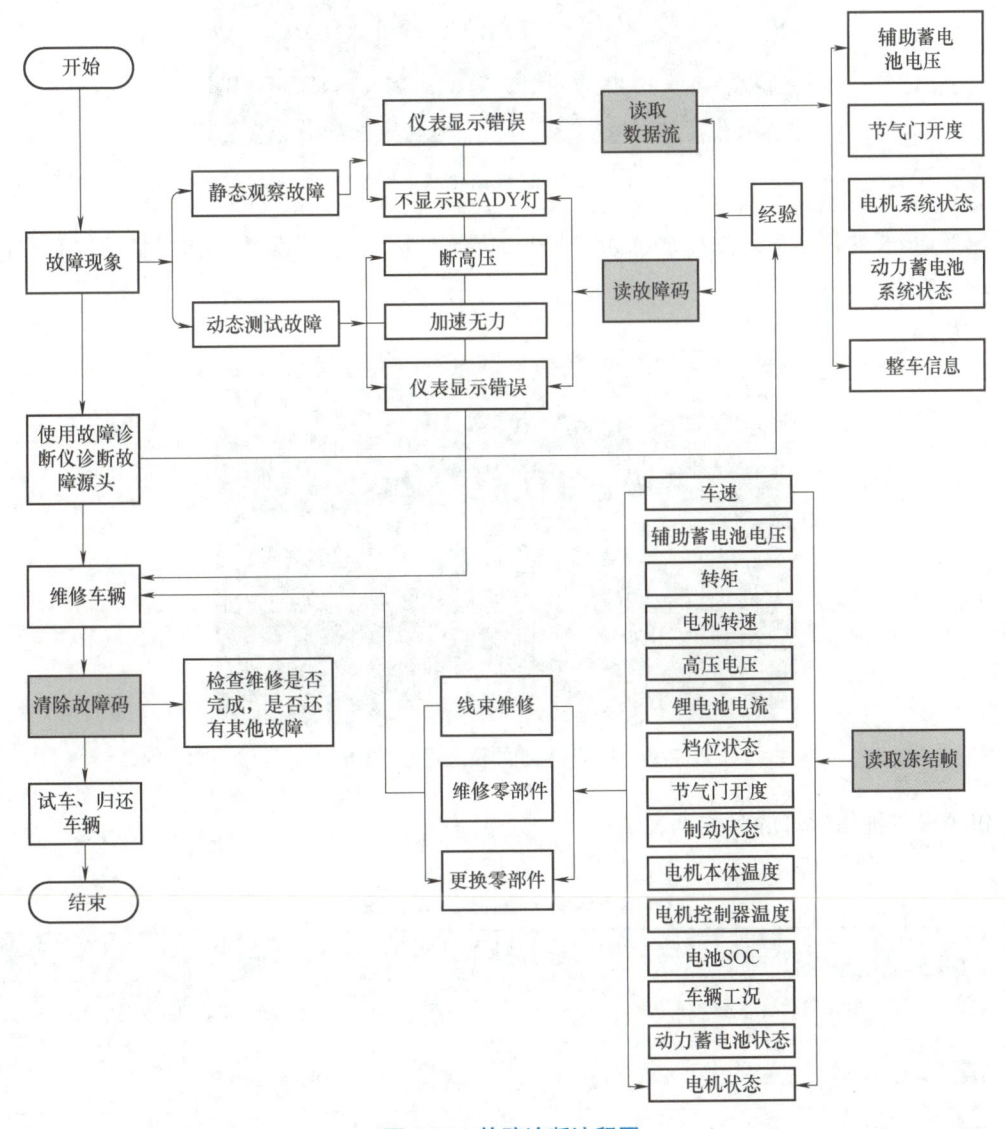

图 7-27 故障诊断流程图

1. 故障确认及初检

车辆进厂后，机电维修技师对车辆进行故障确认。操作起动按钮后发现仪表出现相应的故障指示灯"动力系统故障指示灯"和故障提示信息——"请检查动力系统"，其中包括"OK"灯未点亮，图 7-28 所示为仪表信息显示图。由以上故障现象可以初步确认整车高压上电没有完成，高压系统出现故障。

图 7-28　仪表信息显示图

比亚迪 e5 的仪表显示结构名称如图 7-29 所示，其中包括功率表、信息显示屏和车速表三个部分。

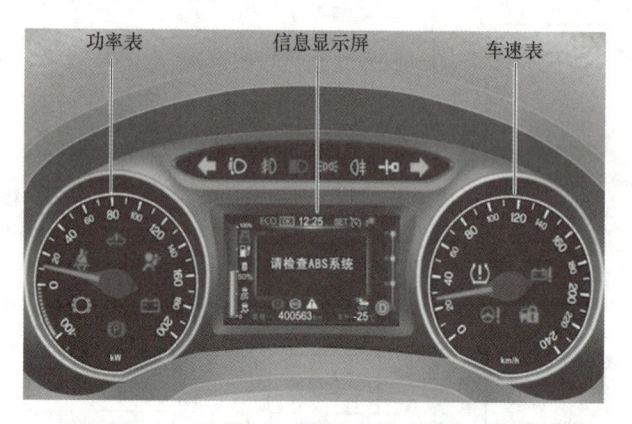

图 7-29　比亚迪 e5 的仪表显示结构名称

仪表中各种指示灯的名称见表 7-1。

表 7-1　仪表中各种指示灯的名称

指示灯 / 警告灯			
	驻车制动故障警告灯*		ESP OFF 警告灯（装有时）
	驾驶员座椅安全带指示灯*		防盗指示灯
	充电系统警告灯*		主告警指示灯*

(续)

指示灯 / 警告灯			
🔦	前雾灯指示灯	ECO	ECO 指示灯（装有时）
	后雾灯指示灯		动力蓄电池电量低警告灯
	智能钥匙系统警告灯*		动力蓄电池故障警告灯*
(ABS)	ABS 故障警告灯*		胎压故障警告灯（装有时）*
	电机冷却液温度过高警告灯	(P)	电子驻车状态指示灯
	ESP 故障警告灯（装有时）*	OK	OK 指示灯
	车门状态指示灯*		动力系统故障警告灯*
	SRS 故障警告灯*		动力电池过热警告灯*
	EPS 故障指示灯		动力电池充电连接指示灯
	小灯指示灯		巡航主指示灯（装有时）
	远光灯指示灯	SET	巡航控制指示灯（装有时）
↔	转向指示灯		

确认故障后，通过电路图，找到相关部件的插接器，检查插接器是否连接稳固，外观是否损坏等，经过检查，并未发现异常。图 7-30 所示为 VCU 和 BMS 单元。

2. 读取故障码及数据流

起动车辆，利用故障诊断仪读取车辆故障码和数据流。图 7-31 所示为通过故障诊断仪读取到 BMS 存在故障码，故障码为 P1A6000—高压互锁故障。

图 7-30　VCU 和 BMS 单元

图 7-31　车辆故障码

读取相关系统的数据流，包括接触状态数据、预充状态数据、高压互锁数据等，图 7-32 所示为车辆相关数据流。有时还可以通过读取故障的冻结帧，来分析故障产生时车辆的相关数据，这样能更好地对故障进行诊断与排除。

3. 故障分析

从数据流可以看到，高压互锁 1 处于锁止状态，说明高压互锁 1 存在故障，根据高压互锁信号回路的工作原理，其通过低压系统来监测高压系统是否处于正常状态，如果互锁回路不正常，故障信息会发送到相应的控制单元，控制单元收到信息后进行处理，禁止高压上电。综上所述，高压互锁 1 处于锁止状态，导致了整车高压系统无法上电，就出现如前面所述的故障现象和仪表故障信息。

图 7-32 车辆相关数据流

4. 故障排除前的准备工作

对整车进行高压下电，然后进行故障诊断作业。查找车辆电路图，可以总结出图 7-33 所示的高压互锁回路。从图中可以得知，高压互锁信号从 BMS 的 BK45（B）/10 输出后，经 B74/14 输入充配电总成，然后由 B74/15 输出，经 BK45（B）/11 进入 BMS，再由 BMS 来完成回路信号的检测。

图 7-33 高压互锁回路图

查找电路图，找到互锁回路上 BMS 和充配电总成的插接器，如图 7-34 所示。

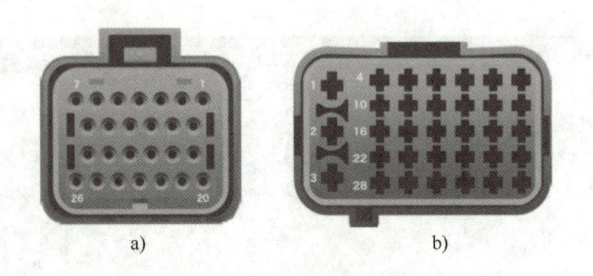

图 7-34 插接器
a) BK45（B）插接器　b) B74 插接器

表 7-2 所示为 BMS 的插接器 BK45（B）端子定义表。

表 7-2　BMS 的插接器 BK45（B）端子定义

端子号	端口名称	线束读法	信号类型	端子号	端口名称	线束读法	信号类型
1	12V 常电	整车低压线束	电压	13	直流充电接口温度信号 2	接直流充电接口 12PIN-9	模拟信号
2	车身地	整车低压线束	接地	14	动力网 CAN 终端电阻并入 2	BMCO2-09	CAN 信号
3	碰撞信号	接碰撞 ECU	PWM 信号	15	快充信号	接直流充电接口 12PIN-3	模拟信号
4	PWM 输出 1	接动力蓄电池 33PIN-30		16	动力网 CAN-H	整车低压线束动力网	CAN 信号
5	PWM 输入 1	接充配电总成 33PIN-13		17	动力网 CAN-L		
6	直流充电接口温度传感器 GND2	接直流充电接口 12PIN-10	接地	18、22、26	NC	—	—
7	直流充电继电器烧结检测信号	接充配电总成 33PIN-11	电平信号	19	直流充电接口温度信号 1	接直流充电接口 12PIN-7	模拟信号
8	DC 12V	整车低压线束	电压	20	车载充电感应信号	接充配电总成 33PIN-6	模拟信号
9	动力网 CAN 终端电阻并入 1	BMCO2-14	CAN 信号	21	车身地	整车低压线束	接地
10	PWM 输出 2	接充配电总成 33PIN-14	PWM 信号	23	车身 CAN 屏蔽地	整车低压线束	接地
11	PWM 输入 2	接充配电总成 33PIN-15		24	直流充电子网 CAN-H	接直流充电接口 12PIN-5	CAN 信号
12	直流充电接口温度传感器 GND1	接直流充电接口 12PIN-8	接地	25	直流充电子网 CAN-L	接直流充电接口 12PIN-4	CAN 信号

表 7-3 所示为充配电总成的插接器 B74 端子定义表。

表 7-3　充配电总成的插接器 B74 端子定义

序号	定义	对接说明
1、10、12	辅助定位（φ13）	安装在前舱大支架上
2	出水口	连接冷却水管
3	排气口	连接排气管
4	进水口	连接冷却水管
5	主定位（φ11）	安装在前舱大支架上

（续）

序号	定义	对接说明
6	交流充电输入	连接交流充电接口
7	直流充电输入	连接直流充电接口
8	空调压缩机配电	连接空调压缩机
9	PTC 电加热器配电	连接 PTC
11	低压正极输出	连接蓄电池
13	低压信号	连接低压线束
14	高压直流输入/输出	连接动力蓄电池
15	电机控制器配电	连接电机控制器
16	电控甩线和直流母线线鼻子固定维修盖	线鼻子固定点维修盖板
17	直流充电线缆线鼻子固定维修	线鼻子固定点维修盖板

二、整车控制系统故障诊断

1. 故障现象描述

小王的比亚迪 e5，经过机电维修技师对车辆进行检测发现，操作起动按钮后仪表出现相应的故障指示灯"动力系统故障指示灯"和故障提示信息—"请检查动力系统"，其中包括"OK"灯未点亮。

2. 故障现象分析

故障现象分析已在前文中介绍过。

3. 故障诊断过程

为了进一步确认及缩小故障部位，使用万用表测量插接器 BK45（B）、B74/15，用诊断仪器读取 BMS 模块内故障码和数据流，对故障部位做进一步解析。具体故障诊断过程见表 7-4，任务工单见表 7-5。

表 7-4 整车控制系统故障诊断过程

序号	操作示意图	操作方法	实测值
1		先断开 BK45（B）插接器，用万用表检查端子 10 与端子 11 之间的电阻	阻值为无穷大，证明回路上出现断路故障

（续）

序号	操作示意图	操作方法	实测值
2		插接器 BK45（B）/11 至 B74/15 端子的导通性测量 断开充配电总成插接器 B74，测量 BK45（B）/11 至 B74/15 端子的导通性	阻值为1Ω，正常
3		测量插接器 BK45（B）/10 至 B74/14 端子的导通性，阻值为无穷大，异常 检查该段导线，发现导线存在断开现象，对导线进行维修，并恢复车辆。重新对车辆进行扫描，清除故障码并验证故障是否排除，试车后，整车高压上电正常，故障指示灯熄灭，OK 灯点亮，仪表上也没有任何维修提示信息，故障排除	阻值为无穷大
4		上述方法是多种诊断方法的一种，还可以通过读取 PWM 波形和测量导线导通性相结合等方法来进行故障诊断，确定故障部件，排除故障	—
5		在进行故障排除时应从故障现象、故障码、数据流及冻结帧数据入手，对故障进行确认、分析，缩小故障范围，再根据故障诊断流程对故障涉及的电路和部件进行逐一检查，确定导致故障产生的原因并排除故障	

表 7-5 任务工单

测试环节（请在以下区域填写或勾选）			
填写车辆信息	VIN		
^	品牌		
车辆基本检查	BK45（B）插接器电阻：_____ Ω □ 正常　□ 异常		
^	测量插接器 BK45（B）/10 至 B74/14 端子的导通性： □ 正常　□ 异常		
^	还可以通过读取 PWM 波形和测量导线导通性相结合等方法来进行故障诊断		
故障现象 初步判定			

(续)

故障诊断过程记录		
步骤	诊断对象及检测项目	测量结果分析与下一次诊断对象
		测量结果分析： 下一次诊断对象：
		测量结果分析： 下一次诊断对象：
		测量结果分析： 下一次诊断对象：
诊断结论	确认故障点	
	绘制围绕故障点的电路简图	

【任务评价与考核】

任务名称	整车控制系统常见故障诊断		
姓名		组别	
授课地点		学时	
学习态度（15分）			
序号	考核点	配分	得分
1	出勤	5	
2	课堂纪律	5	
3	6S 管理	3	
4	劳动	2	
知识掌握（15分）			
序号	考核点	配分	得分
1	能够列出整车控制系统的组成	5	
2	能够根据故障现象排除故障	10	
技能掌握（70分）			
序号	考核点	配分	得分
1	车辆信息与基本检查	20	
2	故障诊断过程	30	
3	故障诊断结论	20	
	总分	100	

【课后测评】

通过本任务的学习，同学们有什么心得体会呢？同学们尝试着优化一下诊断流程。

项目八

电动真空助力制动系统的故障诊断

本项目主要学习新能源汽车电动真空助力制动系统的故障诊断，设立了 1 个任务：电动真空助力系统常见故障诊断。

通过本任务的学习，学生能够描述出电动真空助力系统的结构、工作原理及常见故障，能通过故障现象分析故障原因，能运用专用工具进行电动真空助力系统的常见故障诊断。

任务　电动真空助力系统常见故障诊断

【学习目标】

知识目标

1. 能够描述出电动真空助力系统的结构及工作原理。
2. 能够正确分析电动真空助力系统的常见故障。

技能目标

1. 具有根据电动真空助力系统故障现象分析故障原因的能力。
2. 具有运用专用工具进行电子真空助力系统常见故障诊断的能力。

素养目标

1. 培养学生团队协作的意识。
2. 培养学生安全操作意识。

【任务导入】

一辆吉利帝豪 EV450 纯电动汽车仪表报制动故障，并且前舱一直有"嗡嗡"的响声，制动无助力，时而无法加速（车辆限速 10km/h）。技术主管判断为电动真空助力系统故障，作为一名纯电动汽车售后服务人员，你能够完成检修任务吗？

【任务准备】

安全防护：做好车辆安全防护与隔离（车内外三件套、车轮挡块、警示隔离带等）。
工具设备：数字万用表、汽车举升机、真空表、专用工具套装、常规工具套装。
实训车辆：吉利帝豪 EV450 纯电动汽车整车。
辅助工具及资料：吉利帝豪 EV450 维修手册 1 份。

【知识准备】

一、电动真空助力系统相关知识

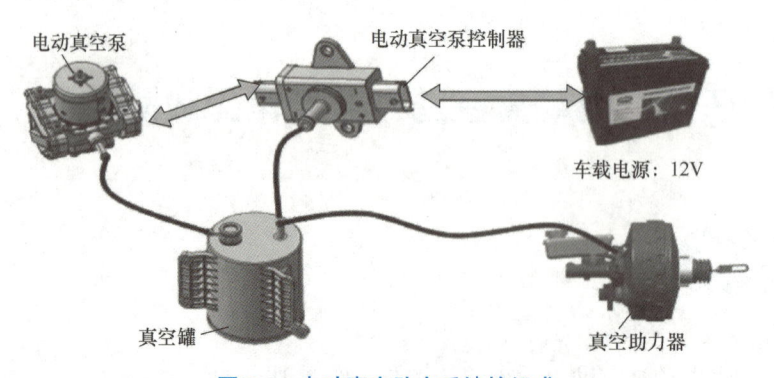

1. 电动真空助力系统

电动真空助力系统的组成如图 8-1 所示。

图 8-1 电动真空助力系统的组成

（1）**电动真空泵**　电动真空泵是用各种方法在某一封闭空间中改善、产生和维持真空的装置。电动真空泵总成作为一个独立的汽车零部件存在于整车中，它只需要 12V 的车载电源就可以独立工作，为真空助力器提供可靠的真空源，如图 8-2 所示。电动真空泵有膜片式、叶片式、摇摆活塞式三种类型。

（2）**真空罐**　如图 8-3 所示，真空罐用于储存真空，并通过真空压力传感器感知真空度并把信号发送给电动真空泵控制器。当真空罐内负压不足时，真空罐上的压力开关断开，并向电动真空泵控制器输出信号，电动真空泵控制器控制电动真空泵电源接通，电动真空泵开始抽气，增大真空罐内的负压；当负压达到极限值时，电动真空泵控制器延时 10s 后断开电动真空泵电源。

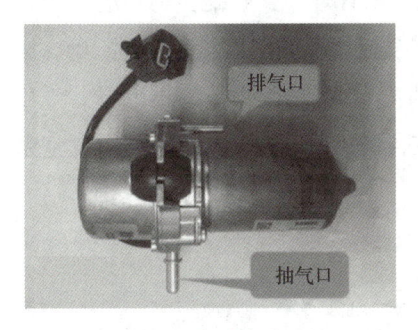

图 8-2　电动真空泵

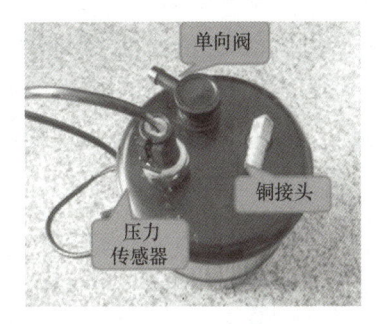

图 8-3　真空罐

（3）电动真空泵控制器　电动真空泵控制器是电子真空助力系统的核心部件。电动真空泵控制器根据真空罐压力传感器发送的信号控制电动真空泵，如图 8-4 所示。

2. 电动真空助力系统的工作原理

电动真空助力系统的工作过程为：当驾驶人起动汽车时，车辆电源接通，电动真空泵控制器开始进行系统自检，如果真空罐内的真空度小于设定值，真空罐内的真空压力传感器输出相应电压信号至电动真空泵控制器，此时电动真空泵控制器控制电动真空泵开始工作，当真空度达到设定值后，真空压力传感器输出相应电压信号至电动真空泵控制器，此时电动真空泵控制器控制电动真空泵停止工作。当真空罐内的真空度因制动消耗，真空度小于设定值时，电动真空泵再次开始工作，如此循环，如图 8-5 所示。

图 8-4　电动真空泵控制器

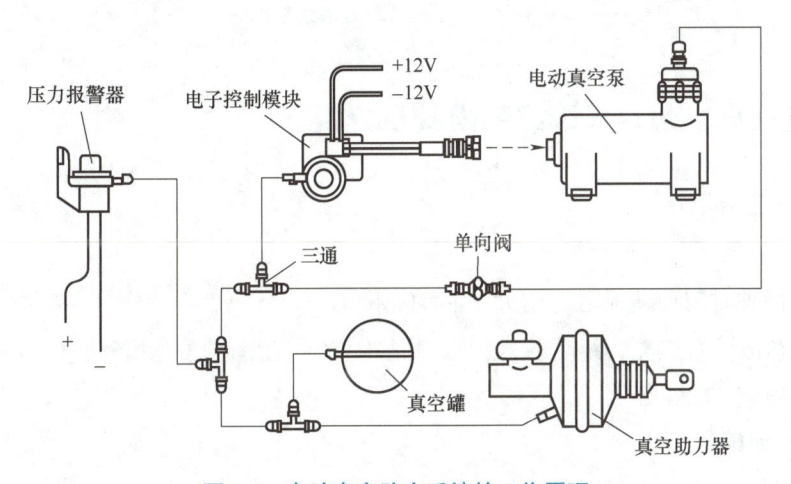

图 8-5　电动真空助力系统的工作原理

3. 电动真空助力系统电路分析

电动真空助力系统电路图如图 8-6 所示。12V 直流常电接通后，电动真空泵控制器发送信号让电动真空泵开始工作，真空罐压力达到设定上限值时，真空罐压力传感器闭合，发出高电频信号到电动真空泵控制器和 VCU，电动真空泵控制器的时间模块延时 10s，电动真空泵停止工作。等真空度下降到压力设定下限值以下时，真空罐压力传感器断开，发出低电频信号给电动真空泵控制器和 VCU，电动真空泵控制器收到信号后，控制电动真空泵再次开始工作，如此循环。

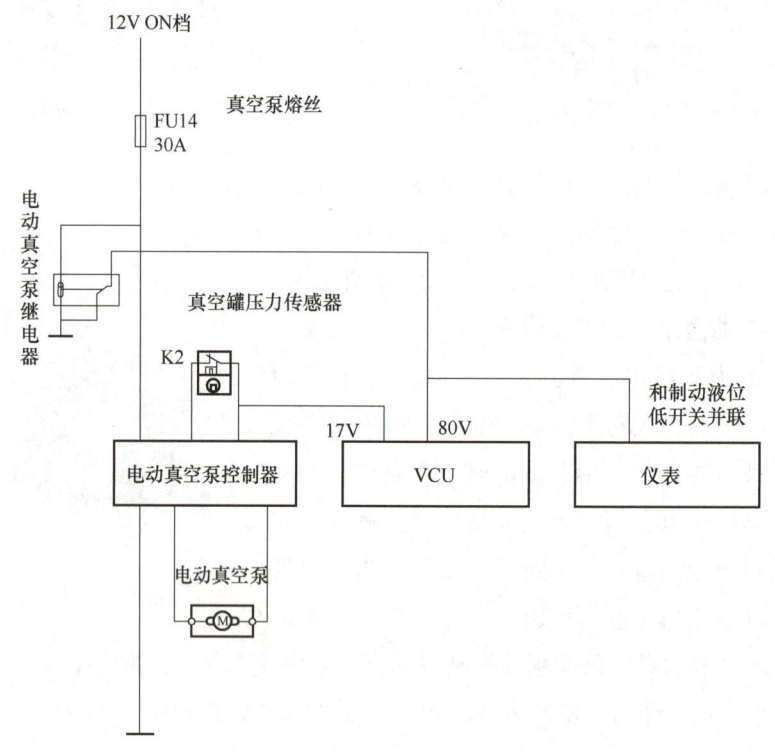

图 8-6 电动真空助力系统电路图

二、电动真空助力系统故障模式及分析

1. 电动真空泵不转

（1）故障现象

1）汽车行驶时制动踏板阻力增大，制动无助力。

2）仪表盘故障灯点亮，组合仪表出现"请检查制动系统"的报警信息。

3）车辆限速（10km/h）。

（2）故障原因

1）电动真空泵电动机供电异常，电路短路或断路。

2）真空压力传感器异常。

3）电动真空泵电动机烧毁损坏。

4）真空助力器异常。

5）控制单元损坏。

（3）故障分析与诊断　结合电动真空助力系统的工作原理，对故障车辆进行分析，有可能是由于真空系统某部件出现了故障，可以通过故障诊断仪读取故障码来确认故障并排除故障。电动真空泵只有在当压力传感器检测到系统压力（真空度不足）达到一定的阈值时，控制单元才会让电动真空泵工作，建立足够的真空。该故障的现象为电动真空泵不工作、制动无助力，可能是由于电动真空泵供电或自身损坏，也可能是真空压力传感器、控制单元或者电路出现故障。

2. 电动真空泵常转

（1）故障现象

1）组合仪表出现"请检查制动系统"的报警信息。

2）车辆前部持续传来电动机转动噪声。

3）车辆限速（10km/h）。

（2）故障原因

1）开关触头短路常开。

2）真空压力传感器信号异常。

3）电子延时模块损坏。

4）管路密封及单向阀异常。

5）控制单元故障。

（3）故障分析与诊断

1）控制电动真空泵停转的开关触头污损、锈蚀或者接触不良。

2）电子真空助力系统某个真空管路发生空气泄漏，真空罐压力传感器检测到真空度不足，就会发送信号给电动真空泵控制器，控制电动真空泵工作。如果真空度一直不足，理论上电动真空泵会一直工作。

3）控制单元检测到真空罐压力不足（真空罐压力传感器信号异常），就会给电动真空泵报警继电器和组合仪表发出信号触发仪表报警，同时会给电机控制器发送信号，将车辆限速。

【任务实施】

电动真空泵常转故障诊断

1. 故障现象描述

一辆吉利帝豪EV450纯电动汽车仪表报制动故障，并且前舱一直有"嗡嗡"的响声，时而无法加速（车辆限速 10km/h）。

2. 故障现象确认及分析

通过实车验证，当起动开关置于"ON"位时，车辆正常上电、"OK"指示灯正常点亮，"制动故障警告灯"亮起，组合仪表出现"请检查制动系统"的报警信息，而且车内有持续的"叮、叮、叮"的声音报警提示，车辆前部持续传来噪声，初步判断为电动真空泵工作的声音，车速只能加速至 10km/h，故障真实存在。故障车辆仪表显示状态图如图 8-7 所示。

图 8-7 故障车辆仪表显示状态图

3. 故障诊断过程

电动真空助力系统常见故障诊断过程见表 8-1，任务工单见表 8-2。

表 8-1 电动真空助力系统常见故障诊断过程

序号	操作示意图	操作步骤	原因分析
1		1）检查电动真空泵与软管、真空罐与软管的连接处是否有破损或泄漏 2）检查制动软管是否存在扭曲 3）检查真空罐单向阀连接管路是否漏气，真空罐单向阀胶圈是否损坏	遵循从简单到复杂的原则，先从外观检查入手，气密性不良会导致真空罐压力过低，引发此故障；若气密性良好，则进行下一步

(续)

序号	操作示意图	操作步骤	原因分析
2		检查电动真空泵电动机供电： 1）检查前舱电器盒是否损坏，盒内线束插件是否接触不良 2）检查电器盒内真空泵电动机熔丝是否接触不良或烧毁，如损坏应更换处理 3）测量 VCU 的 4 脚是否有 12V 电压，如无则线束损坏，应更换线束	线束插件损坏或接触不良、熔丝烧毁都会使电动真空泵电动机不能供电，导致此故障。若此项检查正常，则进行下一步
3		检查真空罐压力传感器： 1）使用万用表检查真空罐压力传感器与控制单元之间的线束是否能正常导通 2）使用万用表检查真空罐压力传感器供电是否正常，如达不到 (5 ± 0.05) V，则初步判定控制单元损坏 3）使用万用表检查真空罐压力传感器信号输出是否正常，若异常，则初步判定真空罐压力传感器损坏	电动真空泵根据真空罐压力传感器反馈给控制单元的真空度信号确定启动和停止时间，真空罐压力传感器损坏就会丢失此信号，进而导致此故障 若真空罐压力传感器正常，则进行下一步
4		检查电动真空泵本体： 1）踩动制动踏板，观察电动真空泵是否转动 2）用真空表测量制动真空压力（应 8s 内使压力达到限定值），若欠电压，则判定电动真空泵损坏	电动真空泵本体故障会导致气压不足、电动机常转的现象，若电动真空泵正常，则进行下一步

（续）

序号	操作示意图	操作步骤	原因分析
5	真空助力器	检查真空助力器：电动真空泵工作使真空罐内达到压力限定值后，检查真空助力器连接管路有无漏气，连续踩制动踏板并保持踏板到底，听真空助力器是否有漏气声，确定故障点	—

表 8-2　任务工单

测试环节（请在以下区域填写或勾选）			
填写车辆信息	VIN			
	品牌			
车辆基本检查	辅助蓄电池电压：_____V　□正常　□异常			
	动力蓄电池工作电压：			
故障现象初步判定				

（续）

故障诊断过程记录		
步骤	诊断对象及检测项目	测量结果分析与下一次诊断对象
		测量结果分析： 下一次诊断对象：
		测量结果分析： 下一次诊断对象：
		测量结果分析： 下一次诊断对象：
诊断结论	确认故障点	
	绘制围绕故障点的电路简图	

【任务评价与考核】

任务名称	电动真空助力系统常见故障诊断		
姓名		组别	
授课地点		学时	

学习态度（15分）			
序号	考核点	配分	得分
1	出勤	5	
2	课堂纪律	5	
3	6S 管理	3	
4	劳动	2	

知识掌握（15分）			
序号	考核点	配分	得分
1	能够说出电动真空助力系统的结构及工作原理	5	
2	能够根据电动真空助力系统的故障现象分析故障原因	10	

技能掌握（70分）			
序号	考核点	配分	得分
1	车辆信息与基本检查	20	
2	故障诊断过程	30	
3	故障诊断结论	20	
	总分	100	

【课后测评】

同学们想一想，电动真空泵的检查还有什么方法呢？

【知识链接】

一、电子机械制动系统（EMB）的解析

随着消费者对车辆安全性越来越重视，车辆制动系统也历经了数次变迁和改进。从最初的皮革摩擦制动，到后来的鼓式、盘式制动器，再到后来的机械式 ABS 制动系统，伴随着电子技术的发展又出现了模拟电子 ABS 制动系统、数字式电控 ABS 制动系统等。近年来，兴起了对车辆线控系统（x-by-wire）的研究，线控制动系统（Brake-by-wire）应运而生，由

此展开了对电子机械制动器（Electro Mechanical Brake，EMB）的研究，简单来说，电子机械制动器就是把原来由液压或者压缩空气驱动的部分改为由电动机来驱动，借以提高响应速度、增加制动效能等，同时也大大简化了结构，降低了装配和维护的难度。

由于车辆对制动性能要求的不断提高，传统的液压或者空气制动系统在加入了大量的电子控制系统［如 ABS、TCS（牵引力控制系统）、ESP 等］后，结构和管路布置越来越复杂，液压（空气）回路泄漏的隐患也在加大，同时装配和维修的难度也随之提高。因此，结构相对简单、功能集成可靠的电子机械制动系统越来越受到人们的青睐。可以预见，EMB 将最终取代传统的液压（空气）制动器，成为未来车辆的发展方向。

二、Brake-by-wire 的发展简介

Brake-by-wire 是指一系列智能制动控制系统的集成，它提供诸如 ABS、车辆稳定性控制、助力制动、牵引力控制等现有制动系统的功能，并通过车载有线网络把各个系统有机地结合成一个完整的功能体系。原有的制动踏板用了一个模拟发生器替代，以接收驾驶人的制动意图，产生、传递制动信号给控制和执行机构，并根据一定的算法模拟反馈给驾驶人。显而易见，它需要非常安全可靠的结构，用以正常的工作。

由于技术发展程度的局限，目前出现了 EHB 与 EMB 两种形式的 Brake-by-wire 系统。

三、EHB 系统

EHB（Electro-Hydraulic Brake）即线控液压制动器，是在传统的液压制动器基础上发展而来的。EHB 用一个综合的制动模块来取代传统制动器中的压力调节器和 ABS 模块等，这个综合制动模块包含了电动机、泵和蓄电池等部件，它可以产生并储存制动压力，并可分别对四个轮胎的制动力矩进行单独调节。比起传统的液压制动器，EHB 有了显著的进步，其结构紧凑，改善了制动效能，控制方便可靠，制动噪声显著减小，不需要真空装置，提供了更好的制动踏板感觉。由于模块化程度的提高，在车辆设计过程中又提高了设计的灵活性，减少了制动系统的零部件数量，节省了车内制动系统的布置空间。可见，相比传统的液压制动器，EHB 有了很大的改善。但是 EHB 还是有其局限性，那就是整个系统仍然需要液压部件。

EHB 的出现主要是为以后研究和生产 EMB 打下基础，积累大量的生产经验。早在 1993 年，福特公司就有一款电动汽车采用了 EHB，后来通用公司也在一款轿车上采用了 EHB 制动系统。

1. EMB 简介

如果把 EHB 称为"湿"式 Brake-by-wire 制动系统，那么 EMB 就是"干"式 Brake-by-wire

制动系统。EMB 和 EHB 以及 HB 的最大区别就在于，不再需要制动液和液压部件，制动力矩完全是通过安装在四个轮胎上的由电动机驱动的执行机构产生。因此，相应取消了制动主缸和液压管路等部件，可以大大简化制动系统的结构，便于布置、装配和维修，更为显著的是随着制动液的取消，对于环境的污染也大大降低了。

另外，由于相应可以取消很多现有部件，因此，可以大大减小系统的质量，便于对车辆底盘进行综合主动控制。其突出的优点是：不需要制动管路，从而降低了制造成本和安装布置的难度，制动效能得到了提高并且性能稳定；不需要制动液，降低了成本并且保护环境；便于融入车辆综合控制的网络中（CAN 总线）；由于减少了部件数，降低了对空间的占用；还由于制动踏板只提供参考输入不直接作用于制动系统上，从而便于改善踏板性能。

2. EMB 的发展和现状

EMB 开始应用在飞机上，后来才慢慢应用到汽车上。EMB 与传统的制动系统有着极大的差别，其执行和控制机构需要完全重新设计。其执行机构需要能够把电动机的转动平稳转化为制动蹄块的平动，能够减速增矩，能够自动补偿由于长期工作而产生的制动间隙等，而且由于体积的限制，其结构也必须巧妙和紧凑，这是整个 EMB 制动系统中非常重要的组成部分；其控制部分也要求能精确控制电动机的转速和转角，从而防止制动抱死。

3. EMB 制动系统的结构和分类

对于 EMB 制动系统的机械执行机构，它直接接收电动机产生的力矩，并放大作用到制动盘上，其结构应该满足以下几个基本要求：

1）结构紧凑、便于布置。

2）能够把转动转化为平动。

3）有减速增矩、自增力机构。

4）能够自动补偿制动间隙。

5）能够提供停车时的驻车制动。

6）安全可靠、工作时间长。

EMB 制动系统是以电能作为能量来源，由中心控制模块控制，由电动机经过传动装置产生促动力驱动制动钳，实现制动功能的全新制动系统，与传统制动系统相比，EMB 制动系统具有以下优点：

1）EMB 制动系统用电线传递能量、数据线传递信号，完全摒弃了原有的液压管路等部件，而且无真空助力器，结构简洁、重量轻、体积小，便于前舱其他部件的布置，也有利于减轻整车重量和整车结构的设计与布置。

2）EMB 采用了电控，易于并入车辆综合控制网络中（CAN 总线），并且可以同时实现 ABS、TCS、ESP、ACC 等多种功能，这些电子装备的传感器、控制单元等部件可以与 EMB 共用，而无须增加其他的附加装置。避免了像传统制动系统那样，在制动系统电路上安装大量的电磁阀和传感器，使制动系统结构更加复杂，也增加了液压回路泄漏的隐患。

3）在传统的制动系统中，制动踏板至制动主缸的机械结构以及气压、液压系统的固有特性，使制动反应时间长、动态响应速度慢。制动力由零增长到最大需要 0.2~0.9s，而且当需要较小的制动力时，动态响应更慢。而 EMB 制动系统就不存在这样的问题，EMB 以踏板模拟器代替了传统的机械制动踏板传力装置，中心控制单元接收踏板模拟器传来的电信号，判断驾驶人的意图，产生相应的控制命令，这样便大大缩短了制动反应时间，而且改善了制动时的脚感，无打脚现象。

4）传动效率高、安全可靠，而且节能。

5）无须制动液，降低了对环境的污染。

参 考 文 献

[1] 姜丽娟，张思扬. 新能源汽车故障诊断［M］. 北京：机械工业出版社，2018.
[2] 包科杰，李健. 新能源汽车维护与故障诊断［M］. 2版. 北京：人民交通出版社股份有限公司，2022.
[3] 徐利强，李平，等. 纯电动汽车故障诊断与排除［M］. 北京：机械工业出版社，2021.
[4] 宋广辉，陈东. 新能源汽车维护与故障诊断［M］. 北京：机械工业出版社，2018.
[5] 李伟. 新能源汽车构造原理与故障检修［M］. 北京：化学工业出版社，2015.
[6] 董隆，张磊. 新能源汽车结构与检修［M］. 北京：高等教育出版社，2020.
[7] 关云霞，梁晨. 新能源汽车技术［M］. 2版. 北京：机械工业出版社，2022.
[8] 多国华. 新能源汽车维修技能［M］. 北京：中国铁道出版社，2021.